질문하는
교회

응답하는
공동체

질문하는 교회

응답하는 공동체

과천교회 창립75주년
기록편찬위원회

대한예수교장로회
과천교회

주님, 왜 과천교회입니까?

제가 담임목사로 청빙되었을 때 품었던 질문입니다.

2010년부터 열다섯 해 이어진 과천교회 신앙순례는
이 질문에 답을 찾아가는 가슴 벅찬 여정이었습니다.
꿋꿋이 걸어온 발자국마다 새겨진 우리의 물음표와
하나님의 느낌표를 소복이 담아낸 이 책이 고맙습니다.

조원국 목사님과 함께 복음씨앗을 뿌린 태동기 30년
김찬종 목사님과 함께 전도열정을 뿜은 성장기 30년
그 든든한 기반 위에 변화와 개혁을 시도한 성숙기 15년은
하나님나라 구원역사를 펼치시는 그분의 이야기이고 또한
교회의 새로운 일어섬에 헌신하신 교우들 이야기입니다.

과천교회 일흔다섯 해를 이끄신 하나님 은혜를 기억하며
선하시고 인자하신 주님께 영광과 찬양을 돌립니다.
은혜의 통로가 되어 정성껏 섬기신 교우들과 교역자들
믿음의 역사 사랑의 수고 소망의 인내를 기억하며 감사합니다.

이 책을 펴내기 위해 애쓰신 편찬위원들 착한 손길을 빌려
지나온 15년 우리 모두의 거룩한 몸짓을 주님께 봉헌합니다.
우리가 내딛는 한 걸음 한 걸음이 또 다른 순례자들에게
단단하고 단아한 이정표가 되기를 소망하며
교회를 새롭게 세상을 이롭게 하시는 하나님을 바라봅니다.

우리가 오른 곳은 그저 고갯마루였을 뿐
또 하나의 열매를 바라시는 하늘아버지 마음을 헤아리며
우리는 다시 질문합니다. 주님, 왜 과천교회입니까?

우리가 선을 행하되 낙심하지 말지니
포기하지 아니하면 때가 이르매 거두리라. (갈 6:9)

2025년 늦가을 관악산 자락에서
예수 그리스도 옳고도 아름다운 이름으로
시냇가 하늘숲지기 기도손 모읍니다.

과천교회 제4대 위임목사 주현신

엮어낸 이야기

이 책은 하나님의 부르심에 대한 우리의 응축된 응답이자
우리의 질문에 침묵으로 보여 주신 하나님 응답에 관한
해석이다. 책은 과천교회의 지난 15년을 담고 있지만,
한국교회와 과천교회 75년 역사의 연속선상에서 이해해야
한다. 또한 책 속 에피소드는 과천교회의 이야기지만,
이 시대를 함께 살아가는 모두의 이야기이기도 하다.

지난 15년은 교회 안팎으로 그 어느 때보다 변화가 크고,
그만큼 혼란한 시기였다. 경제 성장이 둔화되고 인구 구조는
초고령사회로 진입하면서 한국교회의 성장이 정체되었다.
과천 지역은 재건축과 신도시 확장으로 인구 유입이
많아졌고, 과천교회는 위임목사가 교체되며
새로운 리더십과 새로운 사역에 적응하는 과정을 지났다.
그리고 코로나19 팬데믹이라는 유례없는 위기를 겪었다.

이 같은 시대적 상황 속에서 과천교회는 하나님께서
우리에게 던지신 질문에 집중하며 답을 찾기 위해 노력했다.
또한 사역의 현장에서 예배, 교육, 다음세대와 30+세대,
은빛세대에 이르기까지 시대의 흐름을 읽고
세대의 필요를 채우며 교회를 새롭게 세워 나갔다.
이 두 가지 활동을 파트1과 파트2에 나누어 담았다.
각 파트의 관점이 다르나, 동일한 시대의 이야기다 보니
일부 내용이 중복되었고 양적 균형을 이루지는 못했다.

교회가 해 온 여러 사역 중에서 지금의 과천교회를 대변하고

동시대를 지나온 사람들이 공감할 만한 것들을 선별했다.
더 많은 내용을 다루지 못한 것과 선별된 사역들의 깊이를
다 나타내지 못한 것에 대한 아쉬움이 있다.
그래도 최대한 객관적으로 바라보기 위해 교역자와 평신도,
남녀, 30+세대에서 은빛세대까지 다양한 계층으로
편찬위원회를 구성하였다. 편찬위원들의 발제와
토론 내용을 편찬위원회 내부 작가가 정리하였고,
이후 외부 작가의 도움을 받아 다시 한 번 글을 다듬었다.

책의 내용은 일차적으로 편찬한 이들의 시각에 의한 것이다.
그러나 그 해석은 독자의 몫이다.
하나님이 과천교회에 부어 주신 은혜에 대한 고백이
혹 인간의 자랑으로 들린다면, 그것은 오로지 편찬한 이들의
부족함 때문이다.

지난 15년을 이끌어 주신 하나님께 영광 돌리며,
그 은혜의 역사를 담는 일에 기도로 함께해 준
교역자와 당회원, 온 성도에게 감사드린다.

그리고 육아와 가사, 직장과 교회 일을 겸하며
머리와 몸으로 헌신한 편찬위원들에게 감사드린다.
이 책이 40년사, 50년 화보집, 60년사와 함께
과천교회의 역사를 완성해 가는 또 하나의 디딤돌이 되기를
바라고, 한국교회에 새로운 통찰을 전하는
작은 반딧불이 되기를 소망한다.

과천교회 창립75주년 기록편찬위원회 위원들의 마음을 담아

최갑홍 장로

목차

주님, 왜 과천교회입니까?	4
엮어낸 이야기	6
글을 시작하며 과천교회, 그리고 75년	12

PART1 질문하며 길을 찾다

1950-2009 마을교회	23
2010-2012 변화의 시작	41
2013-2014 광야	60
2015-2019 성숙의 토대	83
2020-2023 두려움, 그 너머의 길	101
2024-2025 담대한 질문	118

PART2 응답하며
　　　　　길을 걷다

다양한 삶, 다양한 예배　　　　　　　　　　　　　　　127

따로 또 같이, 세대별 모임 - 30+교구, 은빛교구　　　142

하나 되는 교회로 성숙한 그리스도인으로 - 행복지기세움터　163

먼저 다가감으로, 다음세대　　　　　　　　　　　　173

우리는 다시 마을로 간다　　　　　　　　　　　　　187

　글을 마치며 질문은 계속된다　　　　　　　　　　202

글을 시작하며

과천교회,
그리고 75년

1950년, 대한민국 역사에서 잊힐 수 없는 그해에 과천교회는 세워졌다. 전쟁이 남긴 상처 위에서 교회는 사람을 모으고 예배를 이어 갔다. 상황을 탓하기보다 시절의 아픔을 함께 나누며 '지금' 주시는 하나님의 말씀에 귀를 기울였다. 이후로도 과천교회는 '그 시대' 안에 있었다. 특히 최근 15년간 한국사회와 한국교회는 큰 변화를 경험했다. 세상은 점점 복잡해졌고 사람들의 마음은 더욱 산만해졌으며 교회가 설 자리는 명확하지 않았다. 과천교회는 확신에 찬 외침보다는 복음의 본질을 새롭게 붙잡기 위한 담대한 질문과 겸손한 응답으로 이 혼란의 시간을 헤쳐 나왔다.

리더십이 교체되는 시기는 불안정하기 마련이다. 과천교회도 예외가 아니었다. 익숙하지 않음에서 오는 질문과 어색함이 가득했다. 그러나 그 시기의 물음들은 새로운 감수성으로 향하는 통로가 되었고, 한 명의 지도자에 의존하던 방식에서 공동체 전체가 함께 고민하고 질문하며 답을 찾아가는 길로 교회 분위기가 전환되었다. 청년들이 교회를 떠나고 아이들이 교회를 멀리할 때, '어떻게 하면 다음세대에 복음이 닿을 수 있을까' 물으며 더디더라도 멈추지 않는 발걸음을 내디뎠다.

교회의 공간도 새로운 눈으로 돌아보았다. 예배당은 단지 모이는 장소가 아니라 하나님의 백성이 세상을 향해 나아감을 결단하고 축복하는 파송의 현장이 되어야 했다. 그런 점에서 2013년~2014년의 88주 동안 예배당과 교육 공간을 재정비한 일은 단지 외형을 바꾼 것이 아니었다. 우리의 예배가 어디를 향하고 있는지 새롭게 묻고 답을 확인하는 과정이자, 미래세대에게 신앙을 이어 주기 위한 공간과 생각과 마음을 여는 작업이었다.

꾸준히 변화를 거듭하며 교회의 역할에 대한 고민도 이어 갔다. 그로 인해 과천이라는 지역적 특수성 안에서 교회의 교회 됨은, 시선을 교회 밖으로 돌릴 때 비로소 완성된다는 사실을 터득할 수 있었다. 이웃 섬김은 교회의 이름을 알리기 위한 것이 아니고, 베풂과 나눔은 교인 수를 늘리기 위한 것이 아니며, 오히려 교회의 존재 양식 자체가 그리스도를 본받아 자기를 부인하고 세상이라는 십자가를 지기 위해 '나의 것'을 내어놓는 것이라는 아이러니를 깨닫게 된 것이다. 이러한 깨달음을 통해 교회는 정부나 지자체의 손길이 닿지 않는 복지의 사각지대에 놓인 이웃의 절박함을 해소하기에 앞장섰고, 지역 청소년들이 건강하게 놀 수 있는 자리를 마련했으며, 학교로 먼저 다가가 돌봄의 영역을 확장하였다. 과천에서 혼자 외로이 눈물 흘리는 사람이 있다면, 과천교회의 책임으로 여기고 도움의 방법을 찾아 행동했다.

그러다 2020년, 전 세계적 위기를 만났다. 바로 코로나19 팬데믹이다. 코로나19 팬데믹은 모든 교회의 시계를 멈춰 세웠다. 현장예배가 중단되었고, 모임이 금지되었으며, 교제가 끊겼다. 교회의 기능이 사라진 듯한 이 같은 상황에서 과천교회는 당장의 혼란에 집중하는 대신, 보다 근본적인 것을 묻기 시작했다. '예배란 무엇인가, 교회란 어떤 공동체인가, 세상 속에서 교회는 어떤 목소리를 낼 수 있고 또 내어야 하는가.' 진지한 질문들을 고요히 이어 가며, 교회는 온라인이라는 새로운 공간에 예배를 다시 세우고 비대면 속에서도 공동체성을 이어 가려 분투했다. 이전의 방식이 더 이상 작동하지 않을 때, 교회는 낡은 도구를 고집하지 않았다. 그 대신 새로운 도구로도 복음을 전할 수 있다는 소망과 믿음을 붙잡았다.

교회가 '답을 주는 지도자'에 기대던 때가 있었다. 그러나 그 시대는 끝났다. 이제는 지도자와 공동체 구성원 각자가 질문을 품고 그 질문을 함께 나누며 길을 찾아야 한다. 과천교회는 지난 15년간 그 사실을 몸으로 배웠다. 어떤 목회적 계획이나 전략보다 더 중요한 것은, 모든 가능성을 열어

둔 채 하나님께 묻는 공동체의 순전한 태도였다. 당연하다고 여겨 온 것들을 다시 물으며, 필요하다면 익숙한 것들을 과감히 내려놓고, 옳다고 여기는 일에는 기꺼이 헌신하며 함께 걸어왔다.

이 책은 2010년부터 15년 동안 과천교회가 걸어온 길을 세밀히 돌아보며 되짚는 기록이다. 리더십의 전환, 예배당의 재정비, 다음세대와의 새로운 동행, 코로나19 팬데믹이라는 세계적 위기, 디지털 시대와 AI의 도래까지, 이전의 공식을 적용할 수 없는 큰 변화 속에서 과천교회는 답을 정해 놓지 않고 끝없이 질문하며 걸어왔다. 교단의 일원으로서 시대를 읽고, 지역교회로서 도시와 함께 숨 쉬며, 복음공동체로서 다음세대를 준비하는 여정이었다. 이 여정을 사건과 연표를 정리하는 데 그치기보다, 교회공동체가 겪어 온 내면의 변화와 성숙, 그리고 그 과정에서 끊임없이 던진 질문과 시도들을 따라가 보기로 했다.

책은 크게 두 개의 파트로 구성하였다. 첫 번째 파트인 '질문하며 길을 찾다'는 시간 순서에 따른 기록이고, 두 번째

파트 '응답하며 길을 걷다'는 사역의 영역별 특징적인 이야기들을 담고 있다. 동일한 시대의 일들을 횡적, 종적으로 교차 서술한 식이다. 그러다 보니 여러 소재가 두 파트에서 공통적으로 언급된다. 신약성경으로 비유하자면, 사도행전에서 시간 순으로 초대교회의 역사가 언급되고, 서신서에서는 각 교회나 지역 특색에 맞는 메시지가 다루어지는 것과도 비슷하다.

    과천교회 창립75주년 기록편찬위원회가 책을 엮으며 가장 고민한 것은 교회의 지난 걸음을 풀어내는 방식이었다. 15년의 역사를 샅샅이 기록하는 데 중점을 둘 것인지, 아니면 주요한 흐름만을 잡아서 스토리텔링하는 데 중점을 둘 것인지 선택해야 했다. 몇 차례의 논의 끝에 스토리텔링 방식을 선택했다. 무엇보다도 독자들에게 단순한 기록 이상의 메시지를 전하고 싶다는 욕심이 있었다. 교회의 지난 이야기를 그저 기록으로만 담는다면 교회의 어느 공간에 고이 간직되는 데 그치겠지만, 이해와 공감을 끌어내는 이야기로 풀어낸다면 더 많은 이에게 통찰력을 주고 이후 필요한 곳에서 활용되지 않을까 기대했기 때문이다. 한 지역교회의 역사에 관심을 가질 이가 많지는 않을 것이라 예상한다. 그래도 평범하지만은 않았던 과천교회의 걸음이, 어딘가에서 좋은 재료로 쓰이기를 간절히 기도한다.

과천교회는 또 하나의 전환점 앞에 서 있다. 100주년까지 남은 25년의 세월을 어떻게 걸어갈지, 그사이 또 어떤 변화를 겪게 될지 아무것도 알 수 없다. 그러나 분명한 것은 있다. 과천교회는 '길을 아는 교회'가 아니라 '길을 묻는 교회'로 존재하리란 사실이다. 공동체의 순수하고 순전한 질문에 하나님께서 반드시 응답해 주실 것이라고 믿는다.

PART1

질문하며 길을 찾다

교회가 세워진 때부터 과천교회는 늘 변하는 시대의 한가운데서
하나님이 원하시는 길을 찾아 걸어왔다.
때로는 거센 변화의 파도 속에서 방향을 잃을 것 같기도 했지만,
그런 때마다 더욱 하나님께 묻고 하나님의 뜻에 귀를 기울였다.
그리고 믿음의 응답으로 반응했다.
PART1에서는 지나온 여정의 발자취를 따라가며
각 시대가 품었던 질문과 응답을 함께 되새겨 보고자 한다.

1950 – 2009
마을교회

✦
✦
✦

"과천교회는 처음부터
마을교회였습니다"

1950년대: 마을에 교회가 세워지다

1950년대 과천은 서울의 턱밑에 있으면서도 매우 낙후한 지역이었다. 꾸불꾸불한 논둑을 경계 삼아 빈약한 논밭이 펼쳐져 있었고, 낮에도 산짐승이 나타나곤 했다. 그뿐만 아니라 미신과 우상숭배가 뿌리 깊이 자리하고 있었다. 서양 선교사를 비롯하여 총회와 각 교단에서 과천에 교회를 세우려고 몇 차례 시도했지만, 우상숭배에 빠진 일부 주민들의 반발이 거셌다. 욕설은 기본이고 돌팔매질까지 하며 교회가 세워지는 것을 막았다고 한다.

그러나 복음의 불모지와도 같은 과천에는 이미 복음의 씨앗이 심겨 있었다. 하나님께서 이 척박한 땅에 믿음의 사람들을 예비해 두신 것이다. 외부에서 문을 두드린 선교사나 전도자들이 모두 두 손 들고 돌아간 상황에서, 신앙을 가진 주민 중 지역사회에서 영향력을 지닌 이기증 성도가 예배 처소를 제공했다. 과천초등학교 교사였던 박인규, 윤태식 성도는 예배를 인도해 줄 사역자를 수소문했다. 노회 청원을 통해 부림마을(현 안양 동편마을) 부림교회(현 동은교회)의 조원국 전도사를 소개받으면서 교회 개척의 꿈은 점점 더 선명해졌다.

1950년 2월 2일, 과천면 막계3리 308번지, 30간짜리 초가집 사랑방 한편에서 찬양 소리가 울려 퍼졌다. 조원국 전도사와 십여 명이 첫 예배를 드리며 과천교회의 창립을 선포했다. 그리고 믿는 사람이 거의 없는 곳에서 예배를 이어 갔다.

그런데 얼마 되지 않아 예배는 중단되고 말았다. 그해 6월, 교회가 미처 꽃을 피우기도 전에 6·25 전쟁이 발발한 것이다. 전쟁이 발발하자 과천을 넘어 서울로 가는 남태령 고개에 피난민들이 가득 찼고, 서울에서 쏘아 올린 고사포로 과천 하늘까지 연기가 자욱했다. 교인들도 피난을 하면서 흩어지게 되었다.

전쟁으로 멈췄던 예배는 1·4 후퇴 이후 이윤휘 성도의 집에서 다시 시작되었다. 전쟁의 흔적이 그대로 남아 있는 열악한 상황으로 인해 이곳저곳을 옮겨 다니며 예배를 드려야 했다. 그러는 동안 여러 일이 있었다. 성도들이 힘을 모아 닭장을 수리하고 그 자리에 가마니를 깔아 예배를 드리기도 했는데, 1년이 채 되지 않아 홍수로 쓸려가 버린 일도 그중 하나다.

좀 더 안정적인 장소가 필요했다. 1956년, 관문리 262번지에 흙벽돌을 쌓아 올려 예배 자리를 만들기 시작했다. 개울가의 돌도 당시엔 건축의 재료였다. 흙을 틀에 넣어 벽돌을 만들고 정성스럽게 말린 후 쌓기를 반복했다. 비가 오면 무너질까 늘 노심초사였다. 기껏 쌓았는데 무너져 버린 적이 한두 번이 아니었다. 믿지 않는 주민들 중에는 수군대며 욕하는 이들도 있었다. 하지만 마을에 교회를 세우자는 소망 하나로, 함께 예배를 드리던 주민들은 낮이나 밤이나 자진하여 힘을 모았다. 밤에는 횃불을 들고 작업에 임했다. 힘겹게 교회를 지어 가는 교인들의 모습에 이웃들도 어느새 흙벽돌 쌓는 것을 돕기 시작했다. 그렇게 만들어진 예배 처소는 투박했지만 마을 사람들의 기쁨이자 보람이었다.

그리고 다음 해인 1957년 4월, 본격적으로 예배당 건축을 시작했다. 교인들의 간절한 마음이 모여 시작된 일이었다. 24평의 예배당이 완성되기까지 2년 반이란 시간이 걸렸다. 마을 사람들의 손을 거치고 마음을 거쳐 과천교회가 마을 속에 세워졌다.

1960년대: 마을과 함께 자라난 교회

1960년에 학생들에 의해 4·19 혁명이 일어나고, 1961년에는 5·16 군사 정변이 일어났다. 한마디로 격동의 시절이었다. 이런 혼란 속에서도 과천교회는 조금씩 자라나고 있었다. 처음으로 찬양대가 조직되었고, 16절지 반 크기의 누런 갱지에 등사기로 밀어 주보를 만들었다.

찬양대는 조원국 전도사가 담당했다. 두세 명의 청년들이 한 권의 찬송가를 함께 보며 반주 없이 찬양해야 했지만 열정만은 뜨거웠다. 또한 청년회와 소년회가 의욕적으로 활동하면서 1961년 4월 1일, 지금의 〈하늘행복소식지〉의 원조 격인 회지 〈성화〉가 발행되었다. 시골 교회치고는 꽤 획기적이고 신선한 시도였다.

> 오늘날 우리도 '나'라는, 그리고 '내 교회'라는 고정관념에서 탈피하지 못하고 있습니다. 이웃을 모르고 어려움에 허덕이는 교회를 외면하는 이 시대에 제군들의 마음에 성령의 불이 먼저 임하여 '나'라고 하는 개인의 신분을 불사르기를 바랍니다.
>
> _1961년 4월 1일 〈성화〉 창간호에 실린 조원국 전도사 설교 일부

과천교회 교인들은 사회를 위해 무언가 하지 않으면

안 되겠다고 생각했다. 가장 먼저 시작한 건 교육 분야였다. 6·25 전쟁을 지나면서 초등학교를 미처 다니지 못한 학생들이 마을에 4백 명 정도 있었는데, 교회는 '대한청소년성경구락부 과천지부 성휘중학(야간)'을 발족하여 아이들을 가르치기 시작했다. 과천교회 교인들이 성휘중학교 교사로 활동했다. 제대로 된 교실 하나 갖추지 못했지만 교인들의 헌신만큼은 여느 학교 못지않았다. 공동묘지에 가서 퇴관할 때 벗긴 관을 잘라다 칠판을 만들어 사용할 정도였다. 열악한 환경 속에서도 가르치는 교인이나 배우는 학생이나 모두 즐거웠다. 1968년, 성휘중학교가 폐교될 때까지 배출한 학생 수는 총 6백여 명에 달한다.

원래도 가난했던 나라는 전쟁을 치르며 더욱 어려워졌다. 그래서 1960년대 한국교회의 신앙은 어떻게 해서라도 가난을 극복하고자 하는 생의 간절한 바람에 닿아 있었다. 이러한 상황에서 과천교회는 한 가지 중대한 결단을 내린다. 바로 '자립'이다. 1966년 7월, 과천교회는 지난 10년간 영락교회로부터 지원받아 오던 것을 중단하고자 영락교회에 감사의 인사와 함께 자립의 의지를 담은 편지를 전했다.

교회가 스스로 운영되는 것이 마땅하다고 생각했기 때문이다. 이 결단은 교회 성장의 동력이 되었다.

이듬해인 1967년, 넉넉하지 않은 형편 속에서 45평 규모의 2차 예배당을 건축하였다. 교인들이 교회 근처 개울가에서 직접 모래를 퍼 나르는 등 몸으로 봉사하여 지은 건물이었다. 그리고 마침내 17년간 과천교회에서 헌신한 조원국 목사를 제1대 담임목사로 위임하였다.

1970년대: 시련을 견디며 꿈을 품다

1960년대에서 1970년대를 지나며 한국사회는 경제 개발을 최우선 목표로 삼는 산업화를 추진했다. 한국교회에도 이전과 다른 분위기가 연출되었다. 1970년대에는 세계적인 대부흥사들이 한국을 방문하고 국내 선교 단체들이 대규모 선교 행사를 개최하면서 한국교회가 빠르게 성장했다.

2차 예배당을 건축한 과천교회도 운동화 끈을 단단히 조이고 본격적으로 달려야 할 시점이었다. 그런데 1972년,

조원국 목사가 병으로 쓰러지고 만다. 결국 1975년 7월, 조원국 목사는 은퇴를 하고, 교회는 주일에 말씀을 전할 목사를 찾아 분주히 움직였다. 그러나 과천교회와 함께할 설교자를 찾기란 쉽지 않았다. 10년 사이에 20여 명의 목사와 전도사가 다녀갔다. 심지어 1978년에는 6개월 동안 7명의 목사가 과천교회 강단을 거쳐 갔다.

이 같은 혼란의 시기에도 교회는 다음세대를 위한 교회학교에 많은 관심을 가졌다. 1975년에는 대한민국 인구의 절반이 19세 이하의 어린이와 청소년이었다. 1977년에 과천교회는 기독교 교육을 확대했다. 학생들의 연령에 맞게 유치부, 유년부, 초등부, 중고등부 네 개 부서로 세분화하고 이들을 위해 여름성경학교를 운영하는 등 교회 내 교육 프로그램을 강화했다.

그즈음 과천에 큰 변화가 생긴다. 1978년 8월, 여전히 시골마을 같은 과천이 신도시 대상 지역으로 선정이 된 것이다. 과천은 점점 도시로 변화될 뿐만 아니라 사람들의 유입도 늘어날 것으로 기대되었다. 교회에도 큰 도전이 될 것이 분명했다. 이 같은 변화가 감지되던 1979년 10월 7일,

마침내 과천교회는 김찬종 목사를 제3대 담임목사로 위임한다. 김찬종 목사는 '뜨겁고 가득 차 넘치는 교회'라는 목표를 세우고 1980년도를 준비했다.

> 과천교회는 꿈을 가진 교회가 되어야 합니다. 80년대를 맞이하며 꿈을 꿉시다. 1985년에 완공되는 이 신도시에 재적 교인 5천 명을 바라보는 교회가 되는 꿈, 문제를 가진 시민들이 와서 어떤 문제든지 해결받는 하나님의 성전이 되는 꿈을 꿉시다. 선교 100주년이 되는 1984년 이후부터는 아프리카나 복음의 후진국인 아시아 여러 나라에 선교사를 파송하는 꿈을 꿉시다. 또한 교회 내 시설로 어린이집, 노인학교, 평신도 학교, 독서실, 도서관 등 사회에 봉사할 수 있는 시설을 갖추는 꿈을 꿉시다. 민족적 지도자와 기독교 문화를 건설할 인재를 양성하고 배출하기 위하여 기독교 교육에 심혈을 기울여 하나님께 영광 돌리는 교회가 되도록 꿈을 꾸어 봅시다.
>
> _김찬종 목사의 1979년 10월 첫 설교, '과천교회의 꿈'에서

1980년대: '부흥이 있으리라', 날로 성장하는 교회

1980년대의 핵심 키워드는 '성장'이다. 대한민국은 산업화의 성과를 맛보았을 뿐만 아니라 80년대 후반으로 가면서 민주화도 이루어졌다. 또한, 과천의 도시 개발로 인해 1970년대 약 6천 명 수준이었던 도시 인구가 1983년에 6만 1천여 명으로 급격히 늘어났다. 이러한 큰 변화 속에서 과천교회의 규모도 점점 커져 갔다. 나날이 늘어나는 교인들을 품기 위해서는 더 넓은 공간을 갖추어야 했다. 흙벽돌 건물이 아닌 제대로 된 건물이 필요했다. 지금의 과천교회 자리를 종교 부지로 받고, 새 예배당 건축을 시작했다. 건축 기간 동안 과천고등학교 운동장에 가건물을 세워 예배를 드렸다.

1984년 10월 29일 주일 오전 11시 30분, 13개월의 공사를 마치고 입당 예배를 드렸다. 260평 본당을 교인들이 꽉 메웠다. 넉넉하지 않은 형편에도 교인들이 마음을 모아 846평의 큰 교회를 지었다는 사실은 참으로 놀랍고도 감사한 일이었다.

도약의 꿈을 가지고 80년대를 맞이한 과천교회는 하늘을 향해 뻗어 나가는 나무처럼 성장을 거듭했다. 경기도 이천시에 '과천교회 동산'이라는 이름으로 기도원을 설립했고, 교회의 부설기관인 '천사선교원'을 개원했다. 1979년 이전에 교인 수가 2백 명이 채 안 되었던 교회는 1989년 교회 창립 39주년 기념 예배 겸 주일 낮 예배에 2천 명 돌파 축하 예배를 드리기에 이르렀다. 교인들은 교회의 성장을 매주 체감했다. 하룻밤 자고 나면 쑥 커져 있는 성장기 아이처럼, 80년대 과천교회가 그랬다. 씨를 뿌리면 두 배로 거두는 기쁨을 맛보는 날들이었다.

폭발적인 부흥으로 교육부서는 더욱 세분화되었다. 연령대에 맞는 신앙교육을 강화하기 위해 1981년에는 영아부와 소년부를 신설했다. 또한 신앙교육의 사명을 가지고 지역사회의 아이들에게도 복음을 전하기 위해 노력했다. 여름성경학교와 같은 프로그램은 교회 내 활동인 동시에 교회 밖 지역사회 아이들에게도 복음을 전하는 중요한 사역이었다. 과천교회는 아이들에게 예배당이자 놀이의 장이 되기를 바랐다.

매주 성장을 경험하던 80년대 후반에는 이웃 사랑에 더욱 힘을 쏟았다. 봉사위원회, 국내선교위원회, 대안교육위원회, 희망봉사단과 같은 위원회를 만들어 도움이 필요한 곳에 적극적으로 손을 내밀었다. 특히 지역의 노인, 장애인, 불우이웃 등 소외 계층을 돕기 위한 여러 프로그램을 자발적으로 펼치면서 점차 그 영역을 확대하고 내용을 체계화하였다. 또 농어촌 협력교회를 돕기 시작했고, 구세군 양로원을 방문했으며, '네 이웃을 네 몸과 같이 사랑하라'는 말씀대로 태풍과 폭우로 재난을 당한 수재민을 돕는 등 적극적으로 이웃 사랑을 실천했다. 이웃과 함께 울고 웃으며 마을과 함께한다는 과천교회의 정체성이 점차 뚜렷해졌다.

1990년대: 뜨겁고 가득 차 넘치는 교회

1990년대는 과천교회가 수적으로나 영적으로 크게 부흥한 시기다. 당시 교회가 중점을 둔 것은 '전도'였다. 총동원 주일을 근간으로 교인들은 가족과 이웃에 복음의 씨앗을 뿌렸다. 1년에 두 번 총동원주일에는 새신자를 데리고 오지 않는 교인이 없을 정도였다. 한 해에 등록하는 교인이 2천 3백 명이나 됐으니 그야말로 뿌리는 대로 거두는 시기였다. 일선전도대는 새벽예배를 드린 후 집에 갔다가 10시에 과천 온 지역으로 흩어져 길거리 전도를 했다. 이 시기 열정적인 전도 활동은 과천교회의 상징으로 자리 잡았다.

열정적인 전도에 힘입어 1991년에 5천여 명이었던 교인 수가 2000년에는 1만 2천 명에 이르렀다. 10년 사이 2.5배 가까이 증가한 것이다. 교회 예산도 크게 늘었다. 경로잔치, 지역봉사자 위로회, 이웃돕기 바자회, 불우이웃돕기 모금, 헌혈, 사랑의 쌀 나누기, 무료 국수 나눔 등 다양한 형태로 지역사회를 아낌없이 섬겼다. 또한, 민간단체와 함께 북한선교를 시작하는 등 선교의 범위도 확대했다.

폭발적인 부흥으로 교회에 활기가 넘쳤지만, 한편으로는 어려움도 있었다. 공간이 절대적으로 부족하다는 게 문제였다. 하나님을 믿는 사람들의 공동체로서, 교회는 모이는 것이 무엇보다 중요하다. 예배, 봉사, 교육을 위해 모이는 교인들에게는 공간이 필요하다. 결국 봉사활동을 위해 복지관이, 교회학교 활동을 위해 교육관이 세워졌고, 교회는 더욱 뜨거운 성장을 꾀하며 50주년을 맞이했다.

2000년대: 선교의 돛을 달다

지금은 우스운 해프닝으로 여겨지지만, 21세기를 앞둔 시기에 세상은 온통 종말론으로 들썩였다. 여러 사회적 문제와 불안한 시대 상황 속에서 교회는 새로운 역할을 수행해야 했다. 진리의 등대로서, 사회와 국가가 건강한 영성을 가지고 나아가도록 안내하는 사명을 가졌기 때문이었다.

과천교회는 성장을 거듭하며 교회의 역할을 고민하기 시작했고, 고민 끝에 나온 답은 '선교'였다. 과천교회는 선교의 돛을 달고 아랫마을, 윗마을, 건넛마을로 구석구석 항해하기 시작했다. 상계, 분당, 수원, 사당, 천안, 안산, 봉화에 개척교회를 세웠고, 326개 농어촌 미자립 교회를 지원했다. 북한선교를 본격화하면서 북한 복음화를 위해 기도하고 탈북자들을 예배의 자리로 인도했다. 더불어 수십 명의 선교사를 각국에 파송하고 후원하며 세계선교를 위해 기도했다.

밖으로 향하는 선교뿐 아니라 지역사회 속에서 교회의 책임을 감당하는 일에도 최선을 다했다. 2000년대에 들어서면서 지역의 다른 교회나 기관들과 손을 잡고 지역사회 활동을 더욱 확장하였다. 2003년에 지역교회들과 연합하여 암환자를 돌보는 '과천호스피스'를 설립했고, 과천교회 김찬종 목사가 제1대 이사장으로 취임하여 지원을 아끼지 않았다. 2005년에는 기독실업인회, 로터리클럽 등의 단체가 참여하면서 그 규모는 더욱 커졌다. 2006년에는 '사회복지법인 과천교회복지재단'을 설립하고 재단을 통해 본격적으로 지역사회의 발달장애인과 노인을 돌보기 시작했다.

당시 과천시에 장애인 복지 시설이 없어 과천교회 소망부(현 사랑부) 교인들은 낮에 자녀를 타지로 보내야 하는 고충이 있었다. 교회는 이 문제를 해결하기 위해 장애인주간보호시설인 '사랑의 동산'을 설립하였고, 발달장애인들이 사회생활, 직업훈련, 자립교육을 받을 수 있도록 적극적으로 지원했다. 이는 과천에서 첫 번째로 만들어진 장애인 복지시설이었다. 또한 노인들을 돌보는 '은빛사랑채 과천시주간보호센터'(현 A+과천행복노인복지센터)를 설립하여 경증의 중풍, 치매, 이와 유사한 질환을 가진 노인들에게 서비스를 제공하는 주간보호 시설의 역할도 담당하였다.

1980년대부터 2000년대까지 과천교회를 비롯한 한국교회들은 전도에 집중하며 놀라운 양적 성장을 이루었다. 그리고 이를 기반으로 한 나눔을 실천해 왔다. 그러나 점차 양적 성장을 넘어 영적 성숙의 필요성을 느끼기 시작했다. 또한 이웃과 마을을 돕는 것 이상의 선한 영향력을 끼치는 교회로 변화할 때가 온 것을 인지하고 있었다.

과천교회사

<small>과천교회 기록물 이야기</small>

지난 75년간 과천교회는 시기별로 주요 역사 자료를 꾸준히 편찬해 왔다. 주보와 소식지를 비롯해 각 사역부서에서 발간한 연간 보고서, 연감, 회지 등이 있으며, 큰 단위의 역사서로는 『과천교회사십년사』(1990), 『창립50주년기념 과천교회 화보』(2000), 『과천교회60年史』(2011)가 각각 출간되었다.

70주년을 맞은 2020년에는 60년사까지의 역사가 잘 정리되어 있었기에, 별도의 70년사를 편찬하지 않고 『교회 창립70주년 준비위원회 사역보고서』를 발간하였다.

그리고 지금 이 책은 2025년 기준으로 일종의 과천교회 75년사에 해당한다. 2010년 이후의 일들을 중심으로, 단순한 사료 수집과 보존을 넘어 과천교회가 시대적 상황과 문제들을 어떻게 풀어 왔는지를 스토리텔링 형식으로 정리하였다.

과천교회의 역사기록물은 역사자료실에 보관되어 있다.

2010 - 2012
변화의 시작

✦
✦
✦

"성장하는 교회에서
성숙하는 교회로"

안팎에서 시작된 변화의 바람

2010년, 평화로웠던 과천에 또다시 새로운 바람이 불기 시작했다. 먼저 지역경제와 주거 환경에 큰 변화가 생겼다. 과천시에 입주해 있던 정부과천청사의 세종시 이전이 공식적으로 발표된 것이다. 지역경제에 보탬이 되던 상당수의 부처가 정부세종청사로 이전하면서 지역 상권은 침체되었고

문을 닫는 식당들이 생겨났다. 그러나 한편으로는 과천주공 1단지 재건축 조합이 설립되고 과천주공2단지 재건축 논의가 시작되는 등 재건축이 본격적으로 추진되면서 과천시는 재도약을 이룰 준비를 하고 있었다.

당시 한국 개신교는 부끄러운 민낯을 적나라하게 드러낸 상황이었다. 급격한 성장을 이룬 대형교회들이 사회적, 정치적 영향력을 확대하면서 불투명한 재정 운영, 목회자 비리, 교회 세습 등 여러 문제점이 드러났다. 일부 교단은 부정 선거나 리더십 문제로 내부 분열을 겪기도 했다. 게다가 2007년 7월, 아프가니스탄 탈레반 피랍 사건을 겪으며, 미국 다음으로 해외에 선교사를 많이 파송해 오던 한국 개신교는 해외 선교 방식을 점검하기 시작했다. 또한 이단 신천지가 급속히 성장하면서 가정 파괴 등 사회적 문제를 일으켰고, 이는 기독교에 대한 신뢰 하락으로 이어졌다. 이에 교회는 신천지를 '이단'으로 규정하고 대책을 세우기 시작했다.

양적 성장을 이룬 과천교회도 한계를 마주했다. 성장에 치중하다 보니 다양한 문제점들이 생겨난 것인데, 교회 안에 성장주의와 기복신앙이 자리 잡게 된 것이 대표적인 문제였다. 교회 규모가 커지며 생겨나는 여러 문제점을 인식한 일부 교인들이 자성의 목소리를 내기 시작했다. 교회가 10년, 20년 후에도 지속 가능하려면 지금 변해야 한다는 인식이 교회 내에 퍼졌다. 좀 더 성숙한 교회가 되기 위한 방법을 깊이 고민하고 의논하는 동시에, 많은 교인들이 성경공부에 대한 갈급함을 호소했다. 말씀을 보다 체계적으로 읽고 삶의 복잡다단한 상황에 적용할 수 있는 밀도 높은 배움이 필요하다는 요청이었다. 교인들은 자발적으로 매주 모여 기도하거나 기도원에 가기도 했다.

이처럼 교회 안에 퍼진 비기독교적인 흐름에 대한 문제 인식과 성경 중심의 신앙 성숙을 향한 갈망이 어우러져, 교회가 개혁되기를 바라는 분위기가 형성되었다.

새로운 리더십을 향한 갈망

김찬종 목사는 1979년 10월부터 2010년 12월까지 과천교회 제3대 담임목사로 사역하였다. 카리스마 있는 리더십으로 교회를 이끌었으며, '뜨겁고 가득 차 넘치는 교회'라는 표어는 과천교회의 지난 30년을 대변한다. 김찬종 목사의 은퇴 시점이 다가오자 과천교회는 자연스레 새로운 리더십을 모색했다. 변화를 향한 갈망은 기존과는 확연히 다른 스타일의 리더를 원하는 분위기를 형성했다.

한국교회의 기존 사례를 보면, 청빙 과정에서 어설프게 변화를 시도하다가 오히려 갈등과 분열을 초래한 경우도 있었기에 신중에 신중을 기했다. 성급하게 새로운 것을 요구하지 않으면서도 성장의 동력을 성숙에 이르는 힘으로 승화할 수 있는 부드러운 리더십, 공동체의 지나온 신앙생활을 깊이 이해하는 따뜻한 리더십, 지속해야 할 것과 변화할 것을 구분하는 온고지신의 지혜를 가진 리더십, 시대를 읽고 새로운 방향으로 교회를 이끌 수 있는 경험과 의지를 갖춘 리더십이 필요했다.

2010년, 과천교회는 제4대 담임목사를 청빙하기로 결정했다. 청빙 후보 중에 과천교회에서 사역을 했던 주현신 목사가 있었다. 주현신 목사는 1996년부터 1998년까지 과천교회 청년부 전도사로 사역했고, 2003년 1월부터

2010년 9월까지 호주 멜본한인교회 제7대 담임목사로 시무했다. 일부 장로들은 주현신 목사를 반드시 청빙해야 한다는 의지를 보이는 반면, 다른 한편에서는 과천교회에 이미 근무했었다는 자체가 개혁적이지 않다며 난색을 표하기도 했다. 그러나 당시 호주에서 사역하고 있던 주현신 목사의 설교 음성 파일을 들은 후 그가 이 교회에 필요하다는 데 이견이 없었다. 신앙 성숙과 삶의 변화에 대한 메시지가 교회 리더들의 마음을 사로잡았다.

12월 12일, 과천교회 제4대 담임목사로 주현신 목사가 위임되었다. 위임식 마지막에는 찬송가 582장 '어둔 밤

마음에 잠겨'를 불렀다. 찬송의 노랫말처럼 옥토에 깊게 뿌리를 내리고 하늘로 줄기와 가지를 뻗어 만민을 살리는 열매 맺는 하늘 씨앗, 길이 꺼지지 않는 하나님의 진리 등대가 되겠다는 다짐으로 주현신 목사의 과천교회 사역이 시작되었다.

교인들 사이에서는 과천교회에서의 경험을 바탕으로 과천교회의 전통을 잘 계승할 것이라는 기대와, 해외 경험을 통해 과천교회를 새롭게 변화시켜 줄 것이라는, 어쩌면 상충되는 두 기대가 동시에 있었다. 그러나 기존의 리더십에 익숙한 교회가 새로운 리더십을 바로 흡수하기란 쉬운 일이 아니었다. 주현신 목사는 과천교회와 교인들의 이러한 마음을 잘 이해하고 있었기에 전통을 창조적인 방향으로 계승하면서 새로운 방향을 모색해 나갔다. 예배 시간에 영상을 사용하는 것이 당시로서는 파격적이었고 설교는 이전과 다른 형식과 언어로 전해졌지만, 교인들은 자연스럽게 예배의 은혜에 녹아들어 갔다.

예배를 시작으로, 그동안 교회 운영의 절차와 형식 면에서 다소 보수적이었던 교회에 조금씩 변화가 생겼다. 교회의 변화를 열망하는 교인들은 그의 리더십을 지지했고, 교회의 긍정적인 변화로 인해 보수적인 교인들의 거부감도 차츰 잦아들었다. 특히 주현신 목사가 과거 과천교회에서 시무할 때 청년들에게 높은 지지를 받았던 만큼 30, 40대 젊은 층은 크게 환영하는 분위기였다.

40일 새벽기도회, 그 특별한 첫걸음

리더십의 교체와 교회의 변화에 대한 일부의 우려들은 2011년 1월 3일부터 2월 22일까지 진행된 40일 새벽기도회 '목적이 이끄는 삶'으로 완벽하게 덮였다. 차가운 공기와 눈발도 막지 못한 예배당을 향한 새벽 발걸음. '모든 것이 하나님으로부터 시작되었으니'에서 출발하여 '목적 있는 삶을 살기'로 마무리한 40일의 여정은 은혜 가운데 끝이 났다.

교회는 따뜻한 차와 토스트, 김밥, 어묵을 판매하며 기도회 후에 바로 출근하는 직장인들을 기도의 자리로 불러 모았고, 차량 안내위원 33명은 40일 새벽기도 기간에 주차

봉사를 멈추지 않았다. 기도회는 인터넷으로 실시간 생중계되어 형편상 교회에 나올 수 없는 교인들도 그 열기를 간접적으로나마 경험할 수 있었다. 받은 은혜의 단편을 나누는 댓글이 교회 홈페이지 게시판을 빼곡히 채웠다. 이 기도회를 시작으로 교회에 변화의 물결이 본격적으로 일어나기 시작했다.

40일 새벽기도회의 은혜는 성장주의와 기복신앙으로 가득 찼던 마음의 푯대를 성숙한 그리스도인이 되는 것으로 향하게 만들었다. 기도회는 '성장에서 성숙으로' 향하도록 교회 분위기를 바꾸어 버린 중요한 변곡점이었다. 마치 마가의 다락방에 성령이 임하자 각기 다른 언어를 말하던 사람들이 서로 소통하게 되었듯이, 목회자와 교인들의 마음이 통하기 시작했다.

2011년의 새벽기도회가 개개인의 삶의 변화에 초점을 두었다면, 2012년 2월 22일부터 4월 6일까지 "공동체를 세우는 삶"이라는 주제로 진행한 40일 새벽기도회는 함께 가꾸어 가야 할 신앙공동체에 주목했다. 교회는 하나님 말씀과 십자가 사랑을 함께 나누고, 서로 섬기며, 더불어 자라는 공동체라는 것을 깨닫게 하는 시간이었다. 그리고 이 때, 과천교회가 사랑이 살아 숨 쉬는 숲이 되기를 소망하며 새로운 영적 부흥을 위해 간절히 붙든 것은 다름 아닌 '기도'였다.

예배를 새롭게

리더십 교체 이후, 예배에 변화가 생겼다. 설교에 영상이 사용되었고 교회 소식을 전하는 영상뉴스가 등장했다. 세례식과 성찬식에 예전적인 깊이와 현대적인 요소가 더해졌고, 봉헌시간에는 특별순서가 신설되어 악기나 목소리로 하나님께 찬양했다. 아기축복식이 도입되어 생명의 탄생을 다 함께 축복했다. 이 같은 예배의 변화를 통해 예배의 감격, 말씀의 은혜, 기도의 능력이 넘치는 교회로 자리 잡아 가고 있었다.

30+의 출발

새로운 리더십은 30·40세대가 모이는 장을 마련하는 것에 많은 에너지를 쏟았다. 침체되어 있던 30·40대 공동체가 활성화되기 시작한 것은 30·40대 기혼자 모임이었던 '이삭과 리브가'에 미혼자가 합류하면서부터다. 다양한 삶의 형태를 포용하면서 '30·40 그룹'으로 확대된 것이다. 지금은 교회 내에서 혼인 유무의 구별 없이 조직 편성에 수용되는 추세지만, 당시에는 매우 파격적인 일이었다.

새 술은 새 부대에 담으라고 하지 않았던가. 미혼이 합류한 이상 기혼자를 상징하는 '이삭과 리브가'라는 이름은 어울리지 않았다. 고민 끝에 새로 만든 이름이 '30+'였다. 특정 성경 인물이 아닌 세대 문화를 상징하고, 30대를 중심으로 하되 다양성을 포용한다는 의미를 담은 것이었다.

초기 30+는 리더가 헌신하여 모임을 끌어가는 자치회 성격이 강했다. 전체 40여 명 중 8명이 리더로 세워졌고, 주일 오후 1시에 교육관 지하 소강당에서 30+만의 예배와 모임을 별도로 진행했다. 예산은 자치 회비 위주로 꾸려졌고,

송년 행사와 수련회 등으로 결속력을 다졌다. 금요일 심야 기도회 이후 밤 11시에 시작하는 리더 모임은 새벽 1시에 끝나기 일쑤였지만, 리더들의 마음은 뜨거웠다. 30+공동체를 향한 주현신 목사의 관심과 애정도 컸다. 이른 아침부터 모든 주일예배 강대상에 선 상태에서도 30+ 예배 설교를 놓지 않았다.

그러나 30+를 바라보는 교인들의 시선이 곱지만은 않았다. 예배만 드리고 가는 동년배들이 보기에 30+는 '그들만의 리그'였고, 교회 조직의 기존 틀을 유지하려는 장년층이 보기에는 '따로 놀고 싶어 하는 요즘 아이들'이었다. 흩어져 있는 30·40세대에게 자치회를 소개하고 참여를 유도하는 일, 장년층과 공존하는 법을 배우는 일은 여전한 숙제였다.

성장에서 성숙으로, 신앙훈련의 시작

당시 많은 교회가 사랑의교회에서 제작한 제자훈련 교재로 신앙훈련을 하고 있었다. 그러나 과천교회의 새로운 리더십은 타 교회의 제자훈련 방식을 가져오는 것이 아니라 개교회 상황에 맞는 단계별 신앙훈련 프로그램이 만들어져야 한다고 생각했다. 전통적이고 보수적인 교회에서 좀 더 성숙한 교회로 나아가기 위해 무엇이 필요한지 깊이 고민하기 시작했다.

교인들의 삶과 성품, 내면의 상처는 설교 위주의 목회 방식만으로는 섬세하게 다루고 해결하기 어렵다. 이를 인정한 과천교회는 감정표현, 내적치유 과정 등 기존 신앙훈련이 갖지 못한 요소를 과감히 도입하기로 했다. 이것은 처음으로 시도하는 획기적인 기획이었다. 모든 훈련과정은 성경을 일방적으로 가르치는 방식 대신, 공동체성을 유지하기 위한 만남을 강화하고, 단계별 교육과정을 이수하는 것으로 결정되었다. 기초과정과 성장과정을 설계할 때 중점을 둔 것은 개인의 신앙훈련뿐만이 아니라 공동체성을 강화하는 연합과 일치였다.

프로그램 개발을 위해 부목사 10여 명이 뭉쳤다. 시간이 많이 소요되고 힘들기도 했지만 준비하는 목회자들부터 연합과 일치를 경험하는 좋은 시간이었다.

치열한 고민과 논의, 연구 끝에 마침내 '행복지기세움터'가 완성되었다. 2012년, 전 교인을 대상으로 기초적인 신앙 지식을 가르치는 것부터 공동체 모임과 다양한 교제를 갖게 하는 것까지, 예수님의 제자가 되기 위한 전인격적 교육을 실시하기 시작했다. 처음에는 10여 명 남짓으로 시작했으나 점차 많은 교인들이 참여했다.

교회의 문턱을 낮추고 마을에 손을 내밀다

이 시기에 문화사역도 새롭게 시작했다. 타 교회에 비해 문화 프로그램이 약하다고 인식하여 이를 강화하고자 2011년 문화사역위원회를 신설하였다. 위원회 내에 '해피문화아카데미' '문화사역부' '하늘행복오케스트라부' 세 부서를 구성하고 다양한 악기와 전문 찬양사역자가 함께하는 예배를 기획했다. 특히 지역주민들이 참여할 수 있는 문화사역과 행사를 많이 기획하며 마을에 한 걸음 더 다가가려 노력했다. 또한 〈하늘행복소식지〉를 창간하여 교회소식을 전하면서 교회와 성도 간뿐 아니라 교회와 마을 주민의 다리 역할을 하기 시작했다.

지역사회를 위한 마을사역을 체계화하고 전문화한 것도 이즈음이다. 특히 2011년에는 '사회복지법인 과천교회복지재단'을 '사회복지법인 하늘행복나눔재단'으로 명칭을 변경했는데, 이는 재단의 사역을 교회 중심이 아닌 마을 중심으로 전환하기 위한 것이었다. 그동안은 교회가 프로그램을 만들고 마을을 일방적으로 지원하는 방식이었다면, 이제는 일상생활 속에서 마을과 소통하며 상생의 방법을 찾아가겠다는 의지이기도 했다. 이 같은 노력으로 인해 지역사회의 신뢰를 점차 쌓아 가면서, 과천시의 여러 필요 사업을 위탁받아 운영하기 시작했다. 2011년 11월부터 '시립공원마을어린이집'을 운영하였는데, 이곳은 이후 자연과 생태를 중심으로 '더불어숲'의 이미지를 구현하는 어린이집이 되었다.

청소년 문화 축제인 '과천스타'가 시작된 것도 이때다. 2012년, 과천교회 중고등부 학생들의 찬양대회로 시작한 과천스타는 이후 지역 청소년들까지 참여하게 되면서 청소년이 재능과 끼를 발산하는 축제의 장이 되었다.

이 시기에 다음세대 전체를 위한 교육위원회가 신설됐다. 다음세대교육위원회는 행사와 교사관리 등 교회학교 전반적인 부분을 기획하고 지원하는 평신도 부원과 각 부서의 대표 교사들로 교육기획부를 조직하였다. 교육기획부는 각 부서별 사역을 공유하고 방향성을 의논하며 교회학교에서 보다 체계적인 신앙교육이 이루어지도록 중심 역할을 하기 시작했다.

변화를 갈망했던 과천교회는 새로운 리더십과 함께 새로운 영적 부흥을 꿈꾸기 시작했다. 치열하게 고민하고 논의하며, 손을 맞잡고 소통하며, 과천교회를 새롭게 만져 주실 하나님의 은혜를 기대하고 갈망했다. 그렇게 나무들이 모여 숲을 이루기 시작했다.

> 과천교회 기록물 이야기

하늘행복소식지

〈하늘행복소식지〉는 과천교회의 대표 소식지로, 매월 또는 격월로 발행되어 왔다. 2011년 4월 부활주일에 첫 호가 발간된 이후, 2025년 현재까지 총 157호가 발간되었다. 주보가 예배 순서와 광고 중심으로 구성된다면, 〈하늘행복소식지〉는 다양한 기사와 간증, 사진과 자료들로 교회공동체의 소식을 전하는 통로가 되어 왔다. 과천교회와 같은 규모의 한국교회에서 교인들의 삶과 생각을 공적으로 나눌 수 있는 창구가 많지 않음을 감안할 때, 이 아날로그 인쇄 매체가 공동체를 유기적으로 연결하고 교회의 일치를 이루는 데 중요한 역할을 하고 있음을 확인할 수 있다.

특히 〈하늘행복소식지〉는 교인들이 주변 이웃에게 권할 수 있는 간행물로 제작되어, 하늘행복전도대를 통해 지역에 배포되는 교회 홍보물로도 유용하게 활용되고 있다. 교회 안팎을 잇는 가교 역할을 하는 셈이다.

또한 역대 소식지는 충실히 보존되어 대표적인 기사와 간증을 담은 기록물로서의 가치를 지닌다. 실제로 본 책을 집필하는 과정에서도 2011년 이후의 책자는 중요한 참고자료가 되었다. 앞으로도 〈하늘행복소식지〉는 과천교회의 '실록(實錄)'으로서의 역할을 충실히 감당하리라 기대한다.

끝으로, 〈하늘행복소식지〉 제작을 위해 재능을 기부하며 헌신한 역대 편집장과 수많은 편집부원들에게 깊은 감사를 드린다. 지난 소식지들은 교회 역사자료실에 보관되어 있으며, 교회 홈페이지에서도 열람할 수 있다.

2013 - 2014
광야

"에벤에셀 하나님 감사합니다.
여호와이레 주님 인도하소서"

30년, 낡은 것을 재건할 타이밍

일반적으로 철근콘크리트 구조물의 수명은 50년을 넘긴다. 하지만 대부분 30년이 지나면 벽에 균열이 생긴다거나 물이 새고 전기가 약해지는 등 여기저기서 문제가 발생하여 재건축 논의가 이루어진다. 겉으로는 크게 드러나지 않아도 수십 년이 흐르는 동안 속은 하루하루 낡아 가고 있었던 것이다. 과천의 아파트들도 마찬가지였다. 1980년에서 1985년 사이에 완공된 아파트 단지들의 전기 배선 등 주요 설비들이 노후되면서 누수, 합선, 난방 불균형 등의 문제가 발생했다.

2010년 초, 과천의 아파트 단지 재건축 사업이 본격적으로 추진되었다. 그런데 모두가 환영할 것 같았던 재건축에 주민들의 반응은 엇갈렸다. 주거환경의 개선과 자산 가치 상승을 기대하는 이들이 있는가 하면, 오랜 추억이 담긴 건물과 공동체를 해체하는 것에 아쉬움과 복잡한 감정을 드러내는 이들이 있었다.

한국 대형교회들도 비슷한 시기를 맞았다. 명성교회와 사랑의교회 등 1980년대에 지어진 교회들이 2012년과 2013년 사이에 재건축을 진행하기 시작했다. 재건축의 이유는 다양했다. 교인이 증가함에 따라 예배실, 교육관, 주차장 공간이 부족했고, 방수, 단열, 전기 설비 등 노후된 시설의 유지보수 비용이 급증한 데다가 안전상 문제가 생겨난 것이다. 또한 주일예배뿐만 아니라 주중 프로그램과 지역사회 사역이 늘어나면서 다목적 공간이 필요하기도 했다. 더

러는 재개발이나 재건축 구역에 포함되어 도로 계획 등으로 인해 불가피하게 재건축을 해야 했다.

그런데 교회의 재건축 논의는 아파트 재건축보다 훨씬 복잡하고 다양한 층위를 지닌다. 교회가 단순히 '건물'이 아니기 때문이다. 과천교회에도 치열한 논쟁이 벌어졌다. 더 많은 교인의 수용과 쾌적한 예배 환경을 위해서는 현대식 건물이 필요하다는 주장과, 교회가 건물에 집착해서는 안 된다는 반대 의견이 맞섰다. 건축헌금 모금에 대해서도 재건축을 위해 기쁘게 드리자는 목소리와 많은 돈이 한꺼번에 들어가야 하는 상황이 부담스럽다는 소리가 공존했다. 교회 재건축에 대한 의사 결정 과정에서 공론화가 부족했던 것은 아닌지, 절차적 공정성과 소통 문제가 제기되기도 했다. 만약 교회를 확장한 후 교인 수가 줄어들면 유지비는 어떻게 감당할 것인지에 대한 현실적인 우려도 나왔다.

이 모든 논의를 딛고, 과천교회는 2013년 4월 재건축을 시작하기로 결단했다.

재건축, 광야의 시간을 결단하다

1984년에 완공된 세 번째 예배당은 1천 5백여 명을 수용할 수 있는 규모였다. 그러나 세월이 흐르면서 점차 공간적 한계를 드러냈다. 급격히 늘어난 교인을 감당하기 위해 여러 차례 확장 공사를 진행하며 교회 구조가 바뀌었는데, 문제는 그 구조를 정확하게 아는 사람이 없다는 것이었다. 특히 배선이 복잡하게 얽혀 있고 설비가 노후되어 고장이 날 때마다 진단과 수리에 막대한 시간과 비용이 소요됐다.

이에 당회는 공간개선위원회를 조직하였다. 공간개선위원회가 가장 고민한 것은 주일학교가 진행되는 교육관 지하였다. 공간 개선을 위한 연구와 검토 끝에, 재건축 없이는 개선이 불가능하다는 결론을 내렸다. 재건축의 당위성에 대해 다양한 연구와 논의를 거치는 동안 1년이 흘렀다. 그사이 김찬종 목사가 정년퇴임하고 제4대 담임목사로 주현신 목사가 부임했다. 그리고 2012년 10월, 당회는 건축위원회를 꾸리고 재건축을 추진하기로 결정했다.

재건축은 단순히 건물 확장이 아니었다. 교인들의 안전

과 건강을 지키고 불필요한 비용 지불을 줄이기 위한 불가피한 선택이었다. 그러나 부임한 지 3년이 채 되지 않은 새 리더십 아래 옛 예배당을 허문다는 것은 쉬운 결정이 아니었다. 우선 기존 체제를 부정하는 듯한 인상을 줄 수 있었고, 이제 막 활성화되고 있는 30·40세대는 헌금에 대한 부담을 느낄 수 있었다. 또한 지역사회는 재건축 공사로 인한 불편함을 일정 기간 감내해야 했다.

그즈음 한국교회 재건축에 대한 사회의 시선은 매우 부정적이었다. 과천교회가 재건축을 추진하지 않는 것에 호감을 가졌던 일부 젊은층은 교회 재건축 소식을 듣고 교회의 방향성에 회의를 느끼기도 했다. 또한 50대 이상 교인들은 30년 이상의 세월과 헌신이 새겨진 교회 건물이 사라지는 것에 섭섭함과 아쉬움을 드러내기도 했다. 교회는 이런 교인들을 위해서 믿음의 전통을 계승하는 상징으로 기존 예배당의 적벽돌을 인테리어로 활용하기로 결정했다.

예배당이 30년을 지나왔다는 것은 물리적인 시간 이상의 의미를 가졌다. 수많은 교인들이 밤낮으로 기도하며 흘린 눈물과 여러 모양으로 말없이 수고하며 교회를 아껴 온 마음과 정성까지를 포함한다. 결국 그 시간은 건물의 노후만을 의미하는 것이 아니라 신앙공동체가 쌓아 온 세월의 깊이를 담고 있었다. 그렇기에 교회 재건축은 30년여 년을 함께 걸어온 교인들에게도, 새로 등록한 교인들에게도, 막 부임한 목회자에게도 결코 가볍지 않은 결단이었다.

광야교회 88주, 예배는 멈출 수 없다

교회를 재건축할 때 맞닥뜨리는 큰 도전 중 하나는, '건축이 진행되는 동안 예배가 멈추지 않고 교인들이 공동체 생활을 이어 가는 것'이었다. 과천교회는 건축 기간 동안의 교회생활을 '광야교회'로 이름 붙였다. 이스라엘 백성이 광야를 지나 가나안으로 들어가던 때의 심정을 갖자는 의도였다. 그렇게 2013년 4월 21일, '진정한 나를 찾아가는 새로운 여정의 광야 순례길을 시작하자'는 설교로 광야교회가 공식 출발했다.

 한차례 위기도 있었다. 재건축 기간에 과천중학교를 빌

려 예배를 드리기로 이야기가 되었는데 공사 시작 2-3개월 전, 학교로부터 학교시설을 사용할 수 없다는 전화와 공문을 받은 것이다. 한마디로 날벼락이었다. 결과적으로 경기교육청, 안양교육지청, 과천중학교 등 여러 관련 기간과 면담을 거듭한 끝에 시설 사용 문제가 해결되었다.

처음에는 식당과 특수교실을 임대하려고 했다. 그러나 교회 증축을 반대하는 일부 교인의 책동으로 학부모들이 반발하여 급히 체육관으로 장소가 변경되었다. 한 번의 위기를 겪은 교인들은 체육관도 감사함으로 받아들였다. 그런데 텅 빈 체육관을 예배 공간으로 세팅하는 것은 큰 시험이자 과제였다. 1천여 개의 의자를 깔고 강대상을 세우고, 음향과 영상 장비를 일일이 설치해야 했다. 교구별로 매주 평균 50여 명의 교인들이 토요일 오후에 나와 체육관을 예배당으로 바꾸는 작업을 했다. 이를 위해 시간을 미리 빼놓는 것은 물론이고 다른 교구가 봉사할 때 와서 먼저 방법을 익히거나 휴가 중인 군인도 봉사에 참여하는 등 교인들은 예배를 지켜 내기 위해 적극적으로 행동했다.

예배실 세팅에 필요한 작업은 예배가 끝나고도 동일하

게 이루어졌다. 12시 예배 후, 곧바로 모든 시설을 원위치로 돌려놓는 작업이 시작됐다. 체육관 세팅뿐만 아니라 화장실 청소, 당회원실 꾸미기 등 손길이 필요한 곳이 많았다. 늘 편안하게 드렸던 예배가, 이제는 매주 치열한 전투를 통해 드려졌다. 특히 눈이 많이 내린 날에는 일찌감치 학교에 도착해 경사가 심한 교문 앞에 소금을 뿌리고 예배로 오는 길을 지키는 이들이 있었다. 교인들은 이 기간을 회상하며 '몸으로 섬기는 기도'였다고 표현했다.

교인들의 이 같은 헌신에도 피할 수 없는 시련은 있었다. 제일 먼저, 근처 아파트 단지 주민들의 민원과 소송에 부딪혔다. 과천교회는 주민들의 불편함을 예상하고 미리 공개 설명회를 개최했고 주민들의 요구 사항 중 합리적인 것은 바로 수용했다. 새 예배당 건물의 외벽 색상을 주변과 조화롭게 해 달라는 요청, 주민 조망권 보장, 야간 불빛으로 인한 수면권 침해를 막고자 십자가 탑 설치 반대, 그리고 건물의 높이 같은 의견들은 수렴되었다.

그러나 여전히 강경하게 반대하는 주민들이 있었다. 한 주민은 리모델링은 수용할 수 있지만 건축은 결사반대라는 입장을 고수했는데 협의 자체가 매우 어려웠다. 각종 민원, 시위, 감사원 청원, 소송을 이어 갔고, 교회건축 반대운동까지 진행했다.

또 건축이 시작되고 2개월 정도 지났을 때, 과천시 건축과에서 현장조사 후 공사 중지 명령을 내렸다. 바닥 면적을 과다 철거했다는 게 이유였는데, 공사상 불가피한 철거였고, 무엇보다 설계사가 통상적으로 문제없다고 한 부분이라 당황스러운 상황이었다. 담임목사가 형사고발을 당하고 또 한차례 폭풍이 휘몰아쳤다. 이로 인해 공사가 2개월간 중단되었고, 공사가 더 지연되는 것을 막는 것이 우선이었기에 벌금을 낼 수밖에 없었다. 이렇듯 광야교회 시절은 준비, 헌신, 돌발 상황과 시련으로 가득했다.

갖가지 시련 속에서 교인들은 서로 격려하며 광야의 시간을 헤쳐 나갔다. 새벽기도회와 정오기도회, 중보기도회, 현장기도회, 그리고 매 주일 오전 7시 당회원 기도회까지, 다양한 형태의 기도 모임이 이어졌다. 또 '기도 네트워킹'을 가동해 6천여 명의 교인들이 각자의 자리에서 기도하며 새 예배당뿐 아니라 개인의 영적 성전도 함께 세워 갔다.

만나처럼 내리는 은혜

위기는 기회라는 말이 있듯이 이 시절은 가정과 교구, 교회 전체가 사랑으로 뭉쳐 연합하는 은혜의 시간이기도 했다. 특히 '느헤미야와 함께하는 52일 새벽기도회'는 교인들의 절박함과 새로움에 대한 열망이 어우러져, 광야를 뚫고 나갈 힘을 더해 주었다.

재건축 중에도 행복지기세움터는 지속되었다. 성도들의 참여가 늘어나는 만큼 목회자들은 교육 과정을 발전시키기 위해 애썼다. 선교와 봉사도 멈추지 않았다. 이 기간에 오히려 교회의 사역에 대한 마을 주민과 행정기관의 신뢰가 커지면서 협력하는 사역 영역은 점차 확장되었다. 2013년부터 '과천시건강가정지원센터'(현 과천시가족센터)를 위탁 운영하며 가족상담, 다문화가정 지원, 아이돌봄사업, 건강가정지원사업으로 마을 지원을 확대하게 되었고, 장애인 사역 비전을 품고 '문원복지동산'을 리모델링했으며, 이웃 주민과 세대 간 소통을 위한 '더불어숲' 쉼터를 조성했다. 어린이 놀이 시설을 신축하고, 북한 용평유치원 설립과 지원, 인도

네시아 시각장애인 교육장 건립, 북한 진료소 지원 등 국내외 여러 기관을 지원하는 일에 온 교회가 기쁜 마음으로 헌신했다.

광야교회 기간은 30+에게도 특별한 시간이었다. 영유아부 예배를 교육관에서 드리면서 30+도 교육관에서 따로 예배를 드리기로 했고, 이는 30+부흥의 기회가 되었다. 자녀들을 영유아 예배로 보내는 30·40대 부모들이 교육관에 드나들면서 자연스럽게 30+ 예배에 참여하고 모임에 합류하게 된 것이다. 예배 인원이 백 명을 넘어섰고, 광야의 시간에도 성장하는 기쁨을 누렸다. 감사가 절로 나왔다.

또 이 시기에 30+가 구역모임을 시작했는데, 2014년에 70-80명이 모이며 7-8개의 구역이 운영되었다. 간식으로 주먹밥을 먹으면서 각자의 삶을 나누는 시간은, 이제 막 가정을 꾸리고 사회생활 중반에 들어선 30+ 지체들에게 쉼이자 다시 앞으로 나아갈 힘이 되었다. 모임 장소를 찾는 것도, 모이기도 힘든 시절이었지만 오히려 그래서 더 서로를 깊이 챙기게 되었다. 양육과 상담을 전담할 교육전도사가 새로 배치되었고 30+는 더욱 단단해져 갔다. 교회는 건물이 아니라 사람이라는 것을 절감하는 시기였다.

70대 이상으로 구성된 에녹부도 큰 변화를 경험했다. 장년교육위원회 산하 부서에서 '은빛사역위원회'로 독립하게 된 것이다. 당시 에녹부에 해당하는 시니어 세대는 오랜 시간 과천교회 성장의 중심에 서 있었다. 비록 은퇴했거나 은퇴를 준비하고 있었지만 그만큼 사회적, 신앙적 경험이 충분했고, 경제적으로나 체력적으로도 뒷받침되어 독립적인 사역을 감당할 수 있었다.

은빛사역위원회는 더 이상 대접받는 대상이 아닌, 모든 사역에 능동적인 주체가 되어 교회와 세상을 섬기는 길을 모색하기 시작했다. 에녹부 사역의 초점이 시니어 세대를 위한 섬김과 돌봄이었던 것을 생각하면 매우 큰 변화였다.

먼저 '꿈꾸는 청춘, 하늘숲'을 내세우며 '은빛회'라는 자치회가 구성되었다. 2012년까지 남선교회와 여전도회가 70세까지였으나 2013년부터 65세 이상은 은빛회에 소속되면서, 은빛회는 사역에 동참할 수 있는 회원들을 적극적으로 발굴했다. 실제로 구역장, 새가족, 중보기도, 선교, 특강, 교육, 문화교실(평생교육사역), 동아리 등 다양한 사역 현장에서 회원들은 강사나 리더, 봉사자로 섬기기 시작했다.

또한 2013년부터 1년 주기로 은빛회지를 제작해 오고 있다. 은빛의 삶과 사역 이야기를 진솔하게 담아내며 은빛 공동체의 역사를 써 내려가는 중이다. 2013년~2014년까지는 〈하늘숲〉, 2015년 이후에는 〈은빛숲〉이라는 이름으로 발간되고 있으며, 2024년까지 12호가 발간되었다.

2014년부터는 장년교구 내 은빛구역을 신설하고 자체적으로 구역장을 세웠다. 이전까지는 은빛교인들이 연령에 상관없이 장년교구 내 일반구역에 속하였다면, 아예 은빛 세대를 분리하여 새로운 구역으로 조직한 것이다. 은빛구역의 탄생은 30+와 함께 세대별 공동체의 토대를 마련하는 분기점이 되었다.

광야교회를 마치며

2014년 12월 21일은 88주간의 광야교회를 마무리하는 주일이었다. 돌이켜보면, 배려와 헌신, 섬김으로 이어 온 걸음이었고, 교인들의 신앙을 재건축하는 값진 시간이었다.

> 빌리 그레이엄 목사 사모님 묘비에 새겨진 글입니다. "End of Construction. Thank you for your patience." 공사가 끝났습니다. 그동안 참아 주셔서 감사합니다! (중략) 돌아보면 지난 한 해, 우리 교회에 베푸신 하나님 은혜 측량할 수 없습니다. 1년 8개월 88주 광야행진. 구름기둥 불기둥으로 인도하셨습니다. 마침내 평생 잊을 수 없는 성탄절 선물로 새 예배당을 허락하신 하나님 감사합니다. 교우들의 믿음의 역사, 사랑의 수고, 소망의 인내, 감사합니다. (중략) 2015년 또 실수하고 실패할 수 있습니다. 그때, 새로운 깨달음을 얻고, 더 성숙한 모습으로 다시 시작합시다. 하여 하나님과 교회와 역사 앞에서, 유익한 자로 세움 받읍시다. 함께하실까요? 이제 다시 시작이다!
>
> _ 2014년 12월 주일예배 설교, '이제 다시 시작이다', 골로새서 4:7-10
> 주현신 목사

재건축 기간 동안 예배가 원활하게 이어질 수 있었던

것은 과천중학교의 아낌없는 협력 덕분이었다. 과천교회는 2013년에 과천중학교 내에 대안교실인 '힐링센터'를 세워 학업에 어려움을 겪는 학생들을 지원해 오고 있었다. 이는 당시 공립학교와 교회가 협력해서 만든 유일한 대안교실이었다. 과천교회는 학생들을 위한 전임사역자를 파송하고 전 교생을 상대로 자살 고위험군을 파악하는 설문과 심리치료를 진행하는 등 청소년을 위한 다양한 활동을 펼쳐 왔다. 그리고 재건축이 끝난 후, 광야 기간 동안 학교에서 예배를 드릴 수 있었던 것에 감사하며 교실의 조명시설을 모두 LED로 교체해 주었다. 광야 기간 동안 교회와 학교의 협력이 더욱 강화되었다.

더불어 하늘숲, 과천교회

과천교회는 한쪽은 관악산이고 다른 한쪽에는 주택들이 있다. 그 사이에 관악산에서 흘러나오는 내점천이 있다. 경사를 따라 건축될 수밖에 없는 지형이다. 이 같은 주변 환경을 고려하여 전체적인 건물 이미지는 노아의 방주를 형상화하기로 했다. 콘셉트는 '교회 안의 숲, 숲속의 예배'였다. 특히 십자가 탑을 설치하지 않고 전봇대에서 이어진 전선을 모두 땅속에 묻어 지역주민을 배려하고 친환경성을 높인 것이 인상적이었다.

구조의 변화로는 먼저 로비를 들 수 있다. 기존에는 예배당 문과 밖으로 나가는 문 사이에 1-2m 정도의 공간밖에 없었으나 재건축 후 로비가 생겼다. 교인들을 맞이하고 교제하는 공간이 생긴 것이다. 넓어진 로비에는 엘리베이터를 설치해 누구나 편히 오갈 수 있게 했으며, 본당 건물 내에 차세대 교육 공간을 배치해 세대 간 믿음의 소통을 강화했다.

예배당에 기둥이 사라진 것도 눈에 띄는 변화 중 하나다. 기존 예배당은 기둥이 시야를 가리는 탓에 교인들이 피하는 자리가 있었다. 특수 공법 도입으로 기둥을 최소화할 수 있었고, 이로 인해 시야의 사각지대가 줄었다. 또한 한국 최초로 WFS 음향 시스템을 갖춰 예배의 울림을 온전히 전달하도록 했다. 음악 관련 이벤트를 열기에 좋은 환경이 갖춰지면서 찬양사역자 연합회의 초청 찬양집회와 오케스트라 연주회를 열어 주민들과 함께 음악회를 즐길 수 있었고, 청소년 e스포츠 대회인 과천e스타 등 각종 행사를 개최하여 청소년들과 함께하는 '더불어숲'으로서의 역할을 실현했다.

2015년 2월 1일, 교회창립65주년 기념주일에 새 예배당 입당 감사예배가 감격 속에 진행되었다. 2년여 동안 새 예배당을 상상하며 간절히 기도해 온 교인들은 예배가 시작되기 전에 이미 대예배실 좌석을 메웠다.

과천교회는 광야교회 기간을 지나며 완전히 새로운 공동체로 거듭났다. 기도하며 그려 온 대로 새 예배당은 '예배하는 더불어숲'이 되었고, 이웃을 품는 열린 공간이 되었으며, 다음세대를 잇는 징검다리이자 봉사와 선교를 위한 비전센터가 되었다. 예배는 교인들의 깊은 영성과 헌신으로 한층 은혜로워졌다. 어린이와 청소년을 위한 교육 환경은 체계적으로 개선되었고, 이를 통해 30·40세대 모임이 활성화되기 시작했다. 교회는 마을을 향한 문턱을 더 낮추고 언제나 환영의 손길을 내밀었다.

하나님이 하셨습니다

여호와이레 하나님이 준비하시고 에벤에셀 하나님이 인도하신 광야교회의 여정은, 시작부터 마무리까지 온전히 하나님의 손길로 이루어졌다. 돌이켜보면, 예배당 재건축은 건물을 짓는 물리적 작업인 동시에 공동체가 새롭게 세워지고, 교인들의 신앙과 인생이 성숙해지는 과정이었다. 너무 흔해 빠진 고백이지만 역시나 은혜로밖에 설명되지 않는다.

예상치 못한 시련이 아주 없지는 않았으나 교인들의 뜨거운 기도와 깊은 묵상, 기쁜 섬김으로 극복할 수 있었고, 그 과정에서 온 교인이 하나 되어 '과천교회'라는 축복의 열매를 맺었다. 모든 순간이 은혜였던 이 여정은 "하나님이 하셨습니다"라는 믿음의 고백으로 마무리되어야 한다.

> 과천교회 기록물 이야기

하나님이 하셨습니다

과천교회의 네 번째 예배당이 완공된 지 6년이 지난 2020년, 『하나님이 하셨습니다!』라는 제목의 건축백서가 발간되었다. 이 책은 1950년대 첫 예배당 건축으로 시작해 세 차례 예배당을 세운 과정과 더불어, 네 번째 예배당 건축의 배경과 추진 과정, 그리고 그 결실을 상세히 기록하고 있다.

건축백서답게 계절에 따른 교회의 풍경 사진, 예배당과 세부 시설 사진, 설계도면, 시스템, 재정 현황, 회의록 등을 충실히 담았으며, 88주간 이어진 건축 과정에서 겪은 어려움과 이를 극복해 간 과정을 투명하게 기록하였다. 특히 지역주민들의 이해와 동의를 구하며 문제를 해결해 간 과정, 사용 승인 절차, 건축법 등 행정기관과의 협의 과정까지도 빠짐없이 정리하였다.

또한, 그야말로 '광야교회'라 불릴 수밖에 없는 시기를 보내며 교인들이 어떻게 예배를 지켜 냈는지, 모든 어려움에 어떻게 끝까지 선함으로 응답했는지도 고스란히 담겨 있다. 오늘의 예배당은 단순한 건축물이 아니라, 신앙공동체의 역동성을 보여 주는 상징이라 할 수 있다.

2015 – 2019
성숙의 토대

"말씀으로 새롭게
다시 마을로"

본질을 지키며 혁신을 시작하다

2015년, 과천은 또다시 새로운 변화를 앞두고 있었다. 한때 '행정도시'의 상징이었던 이 도시는 중앙부처 이전이라는 커다란 변화 이후 정체성을 다시 묻는 시간을 맞이했다. 1980년대에 지어진 아파트 단지들이 철거 준비에 들어갔고, 담장 너머로 공사가 준비되어 가는 모습도 하나둘 눈에 띄기 시작했다. 다양한 연령층과 도시 경제를 활성화시킬 새로운 수요를 품을 준비 중이었다.

재건축 아파트의 설계도들이 공개되자 사람들의 기대와 관심이 커졌다. 부동산 시장에도 열기가 감돌기 시작했다. 특히 2018년부터는 정부 과천청사 주변에 과천지식정보타운 개발 계획이 본격화되면서 도시 전체에 활기가 돌았다. 도시는 교통망 개선, 교육 인프라 개선, 도시 계획 조정 등으로 이 변화에 호응하고자 했다.

이 시기 한국교회는 '성장'이라는 오랜 구호를 내려놓고, '성찰'이라는 새로운 언어를 마주하기 시작했다. 2014년 이후 한국사회 곳곳에서 일어난 촛불집회, 미투 운동 등 사회적 약자와 공공성에 대한 새로운 각성은 교회가 시대의 고통과 정의, 감수성에 응답해야 하는 것이 아니냐는 자성의 목소리를 일으켰다. 이에 일부 목회자들은 "다시 본질로 돌아가자"라고 외치기 시작했다. '왜 예배하는가', '교회는 무엇이며 누구를 위해 존재하는가'와 같은 보다 근본적인 질문 앞에 선 것이다.

이 같은 분위기에서 예장통합 목회자 40명이 '아드폰

테스(Ad Fontes)' 목회자 모임을 창립했다. 종교개혁의 정신으로 한국교회의 변질된 신앙을 바로잡고자 하는 움직임이었다. 2018년 9월, 그 첫 모임이 과천교회에서 있었다.

도시의 외형이 조금씩 바뀌어 가던 시기, 과천교회도 교회의 본질을 다시 들여다보고 있었다. 변화하는 마을과 함께 걸어가는 방법에 대해 질문하기 시작했다. 그렇게 도시, 한국교회와 나란히 걸으며 과천교회는 성장에서 성숙으로의 조용한 혁신을 준비하고 있었다.

다양한 예배, 하나로 흐르는 영성

리더십이 바뀐 시점에 조정됐던 예배 시간이 재건축 후 한 번 더 새롭게 바뀌었다. 이번에는 시간뿐만 아니라 형태 또한 다양하게 설계됐다. 1부예배는 간략하고 예전적인 예배로 드리고, 2부예배는 한국 장로교 전통을 따랐다. 3부예배는 오케스트라가 어우러진 클래식한 예배로 설계했고, 4부예배는 찬양단, 핸드벨이 함께하는 현대적 감각의 예배로,

5부 예배는 청년담당목사가 설교하는 청년교구예배로 편성했다.

예배 형식뿐만 아니라 예배 순서 또한 조정하였다. 성도교제, 대표기도, 찬양대 찬양, 봉헌을 앞부분에 두고 그 후에 성경봉독과 설교를 배치하였다. 기존에는 설교 말씀을 들은 후 헌신을 다짐하며 헌금을 드렸는데, 이는 말씀에 대한 감사의 의미가 강했다. 변경된 순서에서는 말씀을 듣기 전에 봉헌을 하여 지난 한 주의 삶을 감사로 고백한다. 또한, 예배 마지막에 설교가 있어 교인 한 명 한 명이 말씀을 듣고 삶의 현장, 선교의 현장, 마을 속으로 나아가도록 하였다. 즉, 새로 바뀐 순서는 먼저 지난 삶에 감사하고 말씀을 받아 세상으로 나감으로써 선교적 삶과 마을목회를 구현하고자 하는 의지를 갖도록 한다.

눈에 띄는 또 하나의 변화는 찬양대 자리다. 예배당을 증축하는 과정에서 찬양대 자리를 별도로 마련할 수 없었다. 이에 따라 찬양대원이 단상 앞으로 올라와 찬양하고 자리로 돌아가는 동안 성도의 교제로 연결될 수 있도록 순서를 조정하기도 했다. 이로써 자연스러운 예배가 이루어졌다. '본질에 일치를, 비본질에 자유를'이 이루어진 것이다. 예배의 본질은 지키면서 순서를 세밀하게 들여다보고 조정하는 과정을 통해 더욱 역동적인 예배가 되었다.

교회는 교인들이 예배에 온전히 집중할 수 있는 분위기를 조성하기 위해 예배 형태와 순서 외의 부분도 다각도로 살펴보았다. 그 결과, 2016년부터 주일 공동 예배의 간격을 기존보다 넉넉하게, 2시간 혹은 그 이상으로 조정하였다. 차분하게 예배를 준비하기 위해서였다. 실제로 교인들과 목회자들이 이전 예배와 겹치지 않기 위해 급히 움직일 필요가 없어지면서 심리적, 물리적으로 여유를 갖게 되었다. 게다가 주차 공간을 확보할 수 있는 시간이 마련되어 주차 문제가 완화되었고, 예배 후 친교와 식사 시간이 늘면서 성도의 교제에도 도움이 되었다. 특히, 어린 자녀를 둔 부모가 자녀를 예배실에 보낸 후 자신의 예배를 준비할 수 있는 시간이 좀 더 확보되는 이점도 있었다. 목회자의 경우에는 예배 후 교인들과의 만남이 가능하고 다음 예배 준비도 할 수 있게 되었다.

또 한 가지 큰 변화는 새 예배당 위층에 교회학교 예배실을 배치하고 3부, 4부 예배를 영, 유아, 유치부 예배와 동일한 시간대에 편성한 것이다. 부모와 자녀가 가까운 곳에서 동시에 예배를 드리게 되면서 자녀가 예배하는 모습을 잠시라도 볼 수 있게 되었다. 실제로 3, 4부 예배가 끝나면 자녀나 손주의 예배드리는 모습을 보기 위한 기나긴 행렬이 이어진다. 또한 2015년부터 매년 5월 어버이 주일에는 온 가족 예배를 드린다. 온 가족 예배에서는 기존 예배의 틀을 벗어나 어린아이부터 나이가 지긋한 교인까지 모두 공감할 수 있는 이야기 형식의 설교가 선포된다. 평소에는 가족이 각각 다른 장소에서 예배를 드리지만 이날만큼은 함께 예배하며 신앙을 공유하는 전통을 만들어 가고 있다.

행복지기세움터를 통해 제자의 길을 걷다

영성훈련도 새롭게 세워지고 있었다. 내면의 깊은 이야기를 나누며 신앙 안에서 답을 찾아 간다는 점에서 교인들은 행복지기세움터 프로그램에 폭발적으로 반응했다. 2012년에 기초과정 158명으로 시작해서, 2018년에 2,136명이 수료하기에 이르렀다. 2019년에는 섬김과정인 '리더십 베이직'이 추가되었다. 교회 안팎에서 교회와 공동체를 섬기는 리더가 되기 위한 과정으로, 교인들 각자가 기독교적 리더십을 가지고 제자의 삶을 실천해 나갈 수 있는 기회였다. 교인들은 점점 성숙한 공동체가 되어 가고 있었다.

따로, 또 같이: 세대별 교구 체계

교구 체계도 예배 못지않은 큰 변화를 맞았다. 기존에는 청년 이후 모든 세대가 지역별로 묶여서 교구로 편성되었다. 그러다 보니 갓 결혼한 세대가 부모님 또는 조부모 세대와 한 교구로 편성되기도 하면서 관심사와 삶의 환경이 매우 다른 경우가 많았다. 조금 더 역동적인 교구를 만들기 위해 연령별 특성과 삶의 리듬을 반영하여 세대별로 교구화 하기로 결정했다.

    교구 개편은 단순히 행정의 조정과 변경을 뜻하는 것

이 아니었다. 매우 보수적인 교회 문화 안에서, 규모가 작고 지역 내 이동이 잦지 않는 지역 특성상 오랫동안 유지되어 온 공동체를 재구성하는 데는 치밀한 준비와 용기가 필요했다. 누군가에게는 오랜 기간 함께해 온 이웃과 떨어지는 일이고, 누군가에게는 새로운 공동체로 발을 내딛기 위해 용기를 내야 하는 일이었다. 한 번도 시도되지 않은 일이었지만, 교회는 그것이 꼭 필요한, 피할 수 없는 성장의 고통이라고 생각했다. 더 나은 돌봄, 더 촘촘한 소통, 세대를 품는 구조를 위해 교회는 과감하게 교구를 변경해 가기 시작했다.

교회의 미래, 30+교구

새 예배당이 지어진 후 30·40세대에 대한 고민이 있었다. 다른 시간, 별도의 공간에서 예배를 드린 30+가 주일예배에 합류될 경우, 어렵게 모아진 이들이 다시 흩어질지 모른다는 우려가 있었던 것이다. 그러나 기도를 거듭한 끝에 결국 주일 3부와 4부 예배를 드리고, 4부 예배 후 30+ 자치모임을 본관에서 진행하기로 뜻을 모았다. 광야교회 시절 동안 모임의 정체성이 확립되었다고 보았기 때문이다.

실제로 30·40세대는 새 예배당에 들어오면서, 3부와 4부 예배를 중심으로 활발한 활동을 이어 갔다. 이 같은 움직임에 온 교회가 30·40세대 예배와 모임을 적극적으로 지원하였다. 다음세대교육위원회는 2015년에 '꿈둥이부'를 신설했다. 자녀와 함께 오는 이들이 구역 식구들과 여유롭게 교제할 수 있도록 자녀를 돌봐주기 위함이었다. 꿈둥이부가 활성화되면서 전담 사역자가 배치되었고, 교회학교와는 또 다른 교육적 영역이 다뤄지면서 꿈둥이부는 단순히 아이돌봄을 넘어 교육부서로 발돋움했다. 이는 젊은 세대가 안정적으로 교구모임에 참여할 수 있도록 돕는 동시에 새로운 형태의 교회학교 사역으로 확장되는 계기가 되었다.

이런 전폭적인 지지와 애정 아래, 30+는 2018년에 장년 조직의 한 교구로 편입되었다. 30+에 소속되기를 원하는 경우에 한해 별도로 가입했던 기존과 달리, 30·40대 교인은 자동으로 30+교구의 일원이 되었다. 즉, 30+교구모임에 나오지 않는 다수의 30·40대까지도 30+교구에 속하게 된 것이다. 교구 전담 목회자를 배치하면서 목회력이 본격적으로 투입되어 예배와 새가족 관리가 과천교회 전체 시스템과 함께 가게 되었다. 드디어 30+교구는 과천교회 교인 모두가 인정하는 정식 모임이 되었다.

30+가 교구화가 된 이상 30·40 연령대에 속한 모든 이가 참여하는 모임이 되어야 했다. 목회자는 심방과 상담 등 목회적 돌봄에 집중했고, 교회는 30+의 신앙 성장과 성숙에 관심을 기울이는 동시에, 30+가 좀 더 소속감을 가지고 다른 세대와 협력하면서 자신들만의 역할을 찾고 감당할 수 있도록 지원했다. 더불어 30+교구의 필요와 고민을 세대적으로 이해하고 가족 유형에 따른 사역을 개발해 갔다.

이 시기에 과천 지역 재건축으로 30·40대가 꾸준히 유입되면서 30+교구의 규모는 갈수록 커졌다. 2백여 명, 25개 구역, 30명의 리더가 세워졌고, 조직은 점점 체계화되었다. 멤버들이 예배와 교육, 봉사, 선교 등 여러 영역에 적극적으로 참여했으며, 안수집사 임직자를 배출하기에 이르렀다.

시니어 세대를 향한 도전, 은빛교구

은빛회는 새 예배당 건축 후 대예배실에서 자유롭게 모일 수 있었고 중단된 문화 활동도 재개할 수 있었다.

2016년, 은빛모임은 매주 평균 250명 출석, 58개 소모임, 15개의 문화교실 강좌로 자리 잡았다. 입당 후 조직과 사역들이 더욱 안정화되고 확장된 것이다. 그러나 여전히 자치회로 조직이 운영되고 일반교구 안에 흩어져 있다 보니 정체성이 확립되지 않아 혼란스러워하는 회원들이 있었다. 교회 차원에서 은빛 교구화에 대한 대대적인 논의가 진행되었다.

2016년 11월, 정책 당회 연구과제로 은빛 교구화를 제안하고, 2017년 은빛모임과 비슷한 형태의 공동체를 운영하는 선한목자교회, 사랑의교회, 지구촌교회를 탐방했다. 이후 TF팀을 구성하여 총 7회에 걸친 회의를 진행한 끝에 노년 세대의 정체성 확립과 미래지향적 시니어 목회 발전, 특화된 사역을 위해 은빛 교구화가 불가피하다는 결론에 도달했다. 노년 신앙 활성화를 위해서는 맞춤 사역이 불가피하다는 공감대가 형성된 것이다. 그러나 한편으로는 연령별 교구로 분리되는 것에 대한 불안감도 있었다. 기존 교구에서 나오는 것에 일부 은빛교인들은 상실감과 소외감을 느꼈고, 일반교구에서는 노련한 일꾼이 일시에 다수 빠져나가는 것에 대한 불만 섞인 반응도 나왔다. 그렇지만 독립교구가 되었을 때의 장점을 설명하고 공감대를 높여 가면서 당회로부터 승인을 받아 2019년부터 은빛교구를 독립적으로 운영하게 되었다. 은빛교구를 전담하는 교구목사와 교역자를 배치하고 기존 은빛사역 조직 외에 목양을 담당하는 조직을 추가했다.

에녹부에서 은빛사역위원회로의 변화도 놀랍지만, 은빛교구로의 변화는 더욱 놀라운 도전이었다. 주로 '노인대학'이라는 이름으로 에녹부와 같은 시니어 세대의 주중 모임을 운영하는 교회는 많았다. 하지만 하나의 교구가 되어 목회적 책임까지 온전히 감당하는 공동체는, 교단을 막론하고 아직도 한국교회 내 손에 꼽을 정도다. 과천교회는 시니어 세대를 향한 새로운 목회적 패러다임을 써 내려가며 한국교회에 신선한 도전이 되었다.

세대별 교구 개편의 목적을 간단히 표현하면, 한 세대 안에서 관심사를 나누고 서로의 이야기에 공감하며 서로를 돌보는 것, 그 충족감과 만족감을 동력 삼아 다른 세대와 연결되어 교회 밖 마을로 나아가는 것이다. 즉, 30·40세대는 수동적인 참여자가 아닌 능동적 일꾼이 되고, 은빛세대는 섬김의 대상이 아닌 사역의 주체가 되어 온 세대가 함께 교회를 세우는 것이 교구 개편의 진정한 의미다.

마을돌봄의 성숙

새롭게 마련된 교회의 모든 공간을 과천교회는 마을과 함께하는 공유 공간으로 인식했다. 그래서 교회에서 마을로, 마을에서 교회로 드나드는 길이 자연스러워질 수 있도록 교회의 문턱을 낮추기로 했다. 특히 어린이와 청소년, 곧 다음세대를 향한 관심과 지원을 더욱 확대해 나갔다.

본관 4층의 영아부·유아부·유치부 부서실은 이 세대만을 위해 꾸며진 안전한 전담 시설로, 주일 프로그램 운영 시

교인뿐만 아니라 지역주민 누구나 아이를 맡길 수 있는 공간이 되었다. 또 본당은 예배뿐 아니라 각종 교회학교 행사와 지역 청소년을 위한 e스포츠 대회 등에도 활용되었다. 새 예배당이 공간이 충분하지 않아 초등학생과 중고등학생은 교육관에서 예배를 드려야 했는데, 추후 교육관도 지하 2층 소강당까지 리모델링을 거치며 교회 안팎의 학생들이 사용할 수 있는 공부방, 쉼터, 공연장으로 활용되었다.

과천교회는 지역사회의 필요를 채우기 위해 공공기관과 협력 관계를 더욱 견고히 다졌다. 2015년에 '과천시청 직장어린이집' 위탁 운영을 맡아 프로그램 설계부터 운영까지 깊이 관여했다. 2016년에는 과천시건강가정지원센터가 과천시 지원을 받아 '마을돌봄나눔터' 사업을 시작했다. 마을돌봄나눔터는 초등 방과 후 돌봄시설로 지역주민의 큰 호응을 얻었고, 2017년 정부가 저출산 극복의 일환으로 공모한 '다함께돌봄' 사업에 선정되면서 전국 모델로 확산되었다.

청소년을 위한 프로그램도 꾸준히 개발하였다. 과천교회는 지역사회 청소년들에게 다양한 문화 플랫폼을 제공하는 등 건전한 지역 청소년 문화를 조성하는 데 많은 노력을 기울였다. 교회 청소년들의 찬양대회로 시작한 '과천스타'는 과천 지역 청소년들에게 재능을 펼칠 기회를 만들어 주기 위해 시즌3부터 지역 청소년 행사로 기획하여 진행하였다. 교회에서 이런 것을 해도 되는지 걱정 어린 의견들도 많았지만, 결과적으로 청소년들의 참여가 높아지면서 과천의 청소년이라면 모르는 친구들이 없을 정도로 알려진 행사가 되었다. 과천에 인접한 지역에 있는 학교 동아리들 중에는 과천스타 출전을 목표로 1년간 준비하는 팀들도 적지 않았다. 코로나19 팬데믹 기간을 제외하고 매년 개최되었고, 2025년에 과천스타 시즌14를 성황리에 마쳤다.

과천교회는 1980년 후반에 장학위원회를 세우고, 1991년부터 교회 내 도움이 필요한 학생들에게 장학금을 지급해 왔다. 2017년에 장학회는 1부와 2부로 나뉘었다. 장학1부는 교회 예산으로 발달장애인과 선교사 자녀들을 비롯한 교회 내외 학생들을 도왔고, 장학2부(현 하늘행복장학회)는 교회 밖 학생들을 돕는 부서로 분리되었다. 장학2부는 고(故) 김지아 청년의 유가족이 출연한 1억 원의 기금으로 시작된 것으로, 이후 다양한 사연을 가진 교회 안팎의 정성들이 모여 보육원 아동과 지역사회 내 경제적으로 어려운 청소년들을 정기적으로 돕는 사역으로 이어졌다.

겉은 새롭게, 속은 깊게

'건물 없는 교회' '광야교회'라는 이름 아래 유랑의 시간을 보내고 아름다운 예배 공간에 들어왔다. 그리고 예배와 조직, 사역 전반에 걸쳐 구체적인 변화를 단행했다. 예배를 정돈하고 세대와 삶의 흐름에 맞게 교구를 새롭게 정비했으며 다음세대 및 마을과 환경을 향한 돌봄을 더욱 넓혔다. 교회의 외관을 바꾸는 데 그치지 않고 교인들의 삶을 깊이 들여다보고 필요를 채우며 성숙으로 나아가게 된 것이다. 한마디로 겉은 새로워졌고 속은 더 깊어졌다.

> 과천교회
> 기록물 이야기

과천에 교회를 세우다

2020년 교회창립70주년위원회는 러닝타임 47분 57초 분량의 역사 다큐멘터리를 제작하였다. 제목인 '과천교회를 세우다? 과천에 교회를 세우다!'는 과천교회를 세우는 일이 곧 척박했던 과천 땅에 '교회'를 세우고 하나님의 나라를 확장해 온 과정이었음을 드러낸다.

이 다큐멘터리는 과천교회의 개척과 성장 과정에서 일어난 다양한 사건과 기억들을 입체적으로 조명하며, 자칫 잊을 뻔한 소중한 역사를 영상으로 기록하였다. 또한 과천교회가 지나온 역사적 전환점과 그 속에서 쌓아 온 신앙의

자산을 바탕으로 새로운 도약을 향해 나아가는 모습을 보여준다.

'과천에 교회를 세우다'는 유튜브에서 시청할 수 있으며, 70주년 기념사업 홈페이지(gcchurch70.or.kr/70documentary)에서도 전체 영상과 제작 과정을 확인할 수 있다.

2020 – 2023
두려움, 그 너머의 길

"너는 역대의 파괴된 기초를 쌓으리니
너를 일컬어 무너진 데를 보수하는 자라 할 것이며"

끝을 모르는 터널에 들어서며

2020년 1월, 국내 첫 코로나19 확진자가 나왔다. 사람들은 마스크를 쓴 채 조심스럽게 외출했고, 손 소독제를 사용하며 상황이 지나가기를 바랐다. 그러다 2월, 이단 신천지의 집단 감염이 발생했다. 과천에 위치한 신천지 총회 본부에 대한 긴급 강제 역학조사가 실시되면서 순식간에 과천은 코로나19 집단 감염 공포로 술렁였다.

정부는 교회모임에 대한 우려를 드러냈고 3월 22일, '고강도 사회적 거리두기'를 전격 발표했다. 과천시는 시민회관, 도서관, 경로당 등 공공시설의 운영을 전면 중단했다. 한국교회 90% 이상이 정부의 사회적 거리두기 방침에 협조하여 현장예배를 중단했다. 대형교회들은 자체 유튜브 채널과 스트리밍 시스템을 빠르게 구축하여 실시간 온라인예배를 운영하기 시작하였으나, 일부 교회들은 종교의 자유 침해를 주장하며 예배를 강행하는 등 혼란이 이어졌다.

2020년은 과천교회가 창립 70주년을 맞는 해였다. 처음 겪는 상황에 과천교회도 당황하기는 마찬가지였다. 초기에는 마스크 착용과 손 소독을 철저히 지키며 교인 간 간격을 두고 앉아 예배를 드렸다. 악수나 포옹은 할 수 없었다. 모두의 바람과 달리 코로나19 감염은 전국적으로 확대되었고, 과천교회는 현장예배를 멈추고 온라인예배로 전환했다. 정부가 고강도 거리두기를 발표하기 한 주 전에 앞서서 내린 조치였다.

현장예배가 중단된 것은 6·25 전쟁 이후 처음 있는 일이었다. 상상조차 해 본 적 없는 상황에 교인들은 충격에 휩싸였다. 그리고 새삼 교회의 '본질'을 묻기 시작했다. 예배란 무엇인가? 교회란 무엇인가? 공동체란 무엇인가? 너무나 당연하게 여겨 온 교회, 예배, 찬양, 기도, 모임에 대해 다시 생각해 보게 된 것이다. 흩어져 있기에 더욱 절실하게 서로를 필요로 하고, 신앙적·정신적으로 성장하는 시간의 시작이었다.

달라진 일상, 달라진 예배

일상을 바꾼 코로나19 팬데믹은 예배의 자리마저 흔들었다. 그런데 놀라운 것은 코로나19를 맞기 전에 하나님께서 과천교회에 미리 허락하신 여러 은혜가 있었다는 점이다. 새 예배당의 음향·영상 시스템은 온라인예배로의 전환을 가능하게 했을 뿐만 아니라 교회에는 이 시스템을 운용할 전문 인력도 이미 준비되어 있었다. 과해 보였던 장비와 설비들이 뜻밖의 위기 속에서 빛을 발한 것이다.

온라인예배로의 강제 전환은 미디어사역의 영향력이 가중될 수밖에 없는 구조였다. 방송팀은 예배의 현장감을 생생히 전달하기 위해 노력했다.

주일예배와 새벽기도회는 유튜브를 통해 중계되었다. 온라인이라는 공간이 낯설었지만, 교인들은 어떠한 상황에도 하나님을 예배한다는 마음으로 각자의 자리에서 예배를 드렸다.

거리두기 강화로 구역모임과 성경공부를 포함한 모든 대면 활동이 온라인으로 전환되었다. 교인들의 가정을 방문할 때는 반찬, 편지, 손 세정제, 마스크 등을 문고리에 걸어 두는 방식을 취했다. 새가족 교육도 3주간 온라인으로 진행한 후 마지막 4주차에 담임목사와 만나고 새가족 환영식을 진행하는 식으로 바뀌었다.

교제와 공동체성이 중요했던 행복지기세움터에도 코로나19는 치명적이었다. 대면 모임이 자유롭지 않았던 2020년 가을에는 '줌(ZOOM)'을 사용하여 비대면 '행복지기세움터 특별과정-행복지기 스페셜' 과정을 개설해 신학과 신앙에 관한 40여 개의 강의를 온라인으로 진행했다. 쌍방향 소통이나 교제를 나누기는 어려웠지만, 단절로 인한 외로움과 불안의 시기에 이 과정은 큰 선물이자 기회였고 또 위로였다. 2년 동안 438명이 이 과정을 수료했다.

코로나19 전에는 호응을 얻지 못했던 온라인모임과 예배가, 오프라인으로 할 수 없었던 새로운 역할들을 수행하기 시작했다. 온라인으로 실시간 예배가 가능하게 되자 해외나 지방에 머물고 있는 교인들을 위해 '온라인 교구'를 신설했다. 이를 통해 잠시 이 지역을 떠나 있는 사람들이 과천교회에 소속감과 공감대를 가지고 신앙생활을 할 수 있도록 도왔다.

교회 리더십의 재정비와 과감한 투자

일상이 제대로 작동할 수 없는 상황에서는 보다 신속한 의사결정 과정이 필요했다. 30명으로 구성된 제법 큰 조직인 당회 외에 서기단과 목회행정지원실을 중심으로 한 새로운 조직을 구성했다. 리더십 구조를 간소화하고 당회의 권한을 전폭 위임하여 보다 활발한 소통이 이루어질 수 있게 한 것이다. 그로 인해 2개월에 한 번 모이는 당회를 대신하여 7~8인의 핵심 운영진이 신속하게 결정을 내릴 수 있었고, 이는 과천교회가 한발 앞서 현장예배를 멈추고 한발 늦게 현장예배를 재개하는 등의 선제적이지만 신중한 행보를 가능하게 했다.

모든 것이 멈추고 사람들은 위축되어 있던 시기에, 과천교회는 또 한 번 과감한 선택을 했다. 바로 교육관 리모델링이다. 코로나19로 인해 대부분의 교회가 재정을 긴축 운영할 때, 과천교회는 기도원 매각 대금 일부를 다음세대를 위한 공간 개선에 사용하기로 결정한다. 다음세대를 향한 투자였다. 기존 지하 2층, 지상 2층의 교육관을 지상 3층으로 증축하고, 각 부서실을 감각적이고 교육 친화적인 분위기로 새롭게 단장했다. 또한 부서마다 온라인 사역을 위한 최첨단 음향 영상 방송 시스템을 구축했다. 예배실에 모일 수 없는 상황에서 신앙 콘텐츠를 비롯한 다양한 활동들을 온라인으로 제공하기 위함이었다. 또한 몸이 불편한 이들을 위해 엘리베이터를 신설하였다.

이 시기에 리모델링 공사를 한 것은 탁월한 선택이었다. 평소처럼 교회에 사람이 가득했다면 신경 써야 할 것이 많았겠지만, 거리두기와 현장예배의 중단으로 교회가 빈 덕분에 조용히, 그리고 보다 세심히 새로운 공간을 준비할 수 있었다.

이러한 결정으로 코로나19 이후 미래세대는 쾌적한 환경에서 예배할 수 있게 되었을 뿐만 아니라 다양한 온·오프라인 활동을 경험하고 있다. 대면예배와 비대면예배를 병행할 수 있는 목회환경이 조성된 것이다.

코로나19가 마무리되어 가던 2023년 즈음 과천에 30대 인구가 많이 유입되면서 어린 자녀를 둔 부부가 많아졌다. 놀랍게도 팬데믹이 종식되자 공간이 부족할 정도로 과천교회에 아이들이 몰려들었다.

마을과 더 가까이

코로나19가 발생하기 한 해 전에, 과천교회는 전도선물로 미세먼지 방지용 마스크를 대량 구입해 두었다. 코로나 19로 인해 마스크 품귀현상이 일어났을 때, 교회는 1만 8천 개의 마스크를 지역주민에게 나눠 주기로 했다. 마스크를 받으려는 사람들이 본관 앞에 길게 줄을 서고, 교회 앞길에는 마스크 드라이브스루가 만들어질 정도였다. 마스크 나눔으로 주민들에게 하나님의 사랑과 위로를 전할 수 있었다. 또 중앙동행정복지센터를 통해 취약계층에게 마스크를 전달하기도 했다. 작은 나눔이었지만 교회도 지역사회도 잊을 수 없는 좋은 기억으로 남았다.

떨어져 있던 우리, 말씀으로 이어지다

서로 만나지 못하는 상황이 길어지면서 불안감과 무력감을 호소하는 이들이 생겨났다. 이럴 때일수록 공동체성과 연대감 유지가 중요했다. 교회는 교인들에게 말씀을 제공하기 시작했다. 2021년 2월부터 5월까지 100일간 성경통독 '리바이블' 여정이 진행되었다. 담임목사가 녹음한 성경 말씀

을 유튜브 영상과 녹음파일을 통해 교인들과 공유했다. 이스라엘 백성이 광야에서 만나와 메추라기를 먹고 힘을 얻었듯이, 매일 듣고 읽는 하나님 말씀은 지쳐 있는 교인들에게 위로와 소망이 되었다. 이전처럼 한 장소에 모여 함께 성경을 읽는 방식은 아니었지만, 각자의 자리에서 같은 말씀을 읽는 시간은 무의미하게 흘려보낼 수 있었던 시간에 의미를 부여했다. 평소에 단편적으로 읽었던 성경을 완독하는 계기가 되었고, 그로 인해 더 깊은 영성을 가질 수 있었다. 또한 온라인을 통해 서로 연결되어 있음을 느끼며, 교회가 단순히 건물을 의미하는 것이 아님을 다시 한번 생각해 보는 기회가 되었다.

다음세대 어서 와, 이런 교회는 처음이지?

코로나19 팬데믹이 전국을 휩쓴 상황에서도 다음세대사역은 멈추지 않았다. 2021년 가을, 과천교회는 청소년 문화페스티벌 '과천e스타'를 개최한다. 청소년들이 게임을 공식적으로 할 수 있도록 마련한 장이었다. 교회에서 게임 유튜버 '홀릿'을 초청하여 게임 대회를 연다는 소식에 청소년들은 거리낌 없이 교회로 향했다. 예배당에서 게임 중계 멘트가 울려 퍼졌고 청소년들은 열광했으며 참가자들은 무대 위에서 당당하게 존재감을 드러냈다. 이 프로그램은 청소년들이 교회를 친근하게 느끼는 계기가 되었다.

과천e스타는 2021년부터 2025년까지 다섯 시즌에 걸쳐 개최되었다. 1회, 2회 때는 리그오브레전드와 카트라이더로 대회를 진행했고, 3회부터 5회는 모바일 게임인 브롤스타즈를 종목으로 채택하여 배급사인 슈퍼셀과 협력하여 진행했다. 경기도콘텐츠진흥원, 과천시, CTS 기독교방송, 게임문화재단 등 다양한 기관들이 후원과 협력을 아끼지 않았다. 교인들은 청소년들이 교회에서 행복한 경험을 할 수 있도록 장소를 내어주고 도와주었다. 이렇게 과천e스타는 지역사회의 건강한 게임문화를 선도하고 공정한 경쟁 속에서 친구들과의 우정과 추억을 쌓는 기회를 제공했다. 게다가 가족 간 화합을 이루기까지 했다.

청소년들이 끼를 발산할 수 있는 과천스타가 2012년

지역사회로 확장되고 2021년부터 과천e스타가 시작되면서, 과천교회는 지역사회 청소년을 위해 봄에는 '과천e스타'를, 가을에는 '과천스타'를 개최하고 있다. 교회는 이러한 활동이 다음세대를 이해하는 첫걸음이자 다음세대와 공감하고 청소년이 교회의 일원이 되도록 돕는 방법이라 믿었다.

녹색교회, 창조질서를 되돌아보다

2008년 과천교회는 태안 앞바다 기름 유출 사고 현장에 찾아가 자원봉사를 했다. 2013년 '희망봉사단'을 창단하여 마을 선교와 환경보호사역을 진행하였고, 2015년 관악산 화재 때는 온 교인들이 산불 진화 작업에 적극적으로 참여하였다. 화재로 훼손된 관악산의 산림 복원을 위해 나무 심기 운동을 진행하며 환경선교를 실천하기도 했다. 이처럼 다양하고 적극적인 활동을 펼치며 녹색교회 실천을 고민해 온 교회는 2020년에 환경선교부를 신설했다. 환경문제를 사회운동이 아닌 신앙적인 삶의 실천으로 바라보기 시작한 것이다.

코로나19 바이러스의 출현에 대해 많은 과학자들은 환경오염으로 인한 기후변화와 무관하지 않다고 이야기했다. 그 심각성을 분명히 확인한 교회들에서 하나님의 창조질서 회복과 보존에 관심을 가져야 한다는 목소리가 커졌다.

그리고 2021년, 하나님나라의 청지기적 사명을 확인하고 창조질서의 회복을 꿈꾸며 교회는 '친환경목회'를 중요한 비전으로 세웠다. '시냇가 하늘숲 녹색교회'를 표방하며, 모든 교인이 '녹색 그리스도인'이 되어 일상생활에서 환경선교사, 지구지킴이로서 하나님나라 에덴동산 회복 운동에 앞장설 수 있도록 권면했다. 2023년에는 환경선교위원회로 조직을 확장 운영하였다.

환경돌봄을 시작한 후로 많은 과천교회 교인들이 식당에서 반찬을 남기지 않는다. 교회 올 때 텀블러를 챙겨 오고, 텀블러를 잊고 온 날은 벳세다 카페의 커피를 포기한다. 일회용품을 사용하는 일이 불편해진 것이다. 환경사랑, 환경운동이 일상 속에 자연스럽게 스며든 덕분이다. 아직은 작은 실천 단계지만, 환경돌봄을 하나님의 지상명령이자 주요한 교회사역으로 인식하고 행동한다는 것은, 지구를 살리는 일에 교회가 본격적으로 동참하기 시작했다는 의미다.

　과천교회가 추구하는 '친환경목회'는 창조질서의 회복을 소망하며 생태계를 보전하는 환경선교에 힘쓰는 일이다. 우리 마을뿐만 아니라 아랫마을, 건넛마을, 지구촌마을에 하나님 생명의 빛을 비추는 녹색교회가 되고자 한다.

새로운 일상에서

2022년 4월 15일, 정부는 거리두기 전면 해제를 발표했다. 2023년 1월에는 마스크 착용 의무도 대부분 해제되었고 8월 31일, 코로나19는 법적 감염병 4급으로 조정되었다.

　일상으로 돌아오기까지 약 3년이 걸렸다. 그 시간 동안 과천교회는 하나님이 우리에게 무엇을 말씀하시는지 곰곰이 생각하며 교회와 개인의 삶을 돌아보았다. 팬데믹 기간에도 교회의 역할을 멈추지 않기 위해 온라인을 통한 예배와 모임, 교육을 지속했고, 평소에 할 수 없었던 교육관 리모델링을 진행하여 다음세대를 맞이할 준비를 했다. 또한, 예상하지 못한 상황에 유연하고 신속하게 대처하기 위해 의사결정 구조를 간소화했고, 지역사회와의 소통과 연계를 강화하여 도움이 필요한 곳에 아낌없이 손길을 내밀었다. 무엇보다 전대미문의 팬데믹 사태를 하나님의 창조질서를 돌아보는 기회로 삼았다.

누군가는 '잃어버린 시간'이라고 말한다. 끝없이 펼쳐진 황무지를 걷는 것처럼 지치고 힘들었다고도 한다. 그러나 그들 모두가 동일하게 고백한다. "주님이 동행하셨기에 그 터널을 지나올 수 있었다." 모든 걸음마다 함께하시는 하나님이 계셔서 긴 터널을 지나며 더 깊은 질문을 품었고 답을 찾아 갔다. 그렇게 찾은 답은 바로, 우리는 길잡이 예수님과 길동무하며 서로에게 좋은 길벗이 되어 주고, 아름다운 공동체를 이루어 가기를 소망한다는 것이다. 우리마을, 아랫마을, 건넛마을, 지구촌마을을 가로지르고, 인종 문화 이념 성별 계층의 장벽을 뛰어넘어 시냇가 하늘숲 친구가 되어 가기를 소망한다.

<과천교회 기록물 이야기> **과천교회 YouTube 채널**

코로나19 팬데믹은 과천교회의 온라인 사역의 지형을 크게 바꾸어 놓았다. 특히 유튜브 채널을 통한 온라인예배 중계가 한때 유일한 예배 수단이었던 경험은, 이후에도 교회의 온라인 사역이 단순한 보조 수단을 넘어 예배와 말씀의 중요한 통로로 자리 잡는 계기가 되었다.

2025년 현재 주일예배 실시간 평균 동시 접속자는 약 1천 2백 명, 예배 이후 평균 조회수는 5백~6백 회를 유지하고 있다. 특별새벽기도회의 온라인 조회수는 약 1천 회 수준을 꾸준히 기록하는데, 이는 현장예배에 참석하기 어려운 교인들에게 온라인 채널이 '영적 샘물'이 되고 있음을 보여 준다.

또한 유튜브 채널은 예배 중계뿐 아니라 사역 소개, 100일 성경통독 등 전교인 참여 프로그램을 공유하는 창구로도 활용되고 있다. 이는 과천교회가 팬데믹을 거치며 디지털 환경 속에서도 신앙공동체를 지켜 내고, 동시에 유튜브를 새로운 소통 방식으로 확장해 왔음을 잘 보여 준다.

2024 – 2025
담대한 질문

✦
✦

✦

"여전히 세상을 지키는 희망
- 교회다움"

다시 만난 세계, 교회의 역할은?

과천시의 중심부에는 과천 중앙공원이 자리하고 있다. 1980년대 초 과천 신도시 건설 당시 시민들의 여가와 문화생활을 위해 조성된 이 공원은 음악분수, 야외무대, 산책로, 조각 작품과 운동 시설을 갖추고 있어 실제로 다양한 세대의 시민들이 찾는다. 유모차를 끌고 나온 젊은 부부, 분수대와 놀이터에서 뛰노는 아이들, 삼삼오오 모여 담소를 나누는 청소년들, 조각 작품 옆 벤치에 앉아 햇살을 즐기는 어르신들까지, 공원은 과천이라는 도시의 풍경과 삶을 오롯이 담고 있다.

코로나19 팬데믹을 거치며 공원은 보다 젊어졌다. 재건축과 이주를 계기로 젊은 세대가 대거 유입되면서 과천은 가족 중심의 도시로 빠르게 변화하는 중이다. 2023년 과천시의 30·40대 인구는 2019년 대비 약 25.7% 증가했다. 이러한 흐름을 반영하듯 도시 곳곳에는 아이들과 함께할 수 있는 문화 공간이 눈에 띄게 늘었다.

반면 한국교회는 젊은 세대 이탈이라는 현실에 직면하고 있었다. 팬데믹 기간 동안 온라인예배와 거리두기로 교회공동체는 해체 위기를 경험했고, 젊은 세대가 줄어든 만큼 그들과의 소통은 더욱 어려워졌다. 마스크를 벗은 이후에도 교회는 팬데믹 전후의 두 세계를 동시에 살았다. 온라인 세계를 유지하면서, 돌아온 대면공동체를 회복해야 하는 과제가 주어진 것이다.

많은 사람이 교회를 '쇼핑'했다. 유튜브를 통해 제공되는 여러 교회의 예배 중에서 마음에 드는 예배 스타일, 설교,

시간대를 골라 참여했다. 현장예배가 멈춘 이 시기에 온라인예배를 통해 과천교회에 정착한 사람들이 적지 않다.

온라인예배에 익숙해져서인지 공동체에 소속되지 않은 채 주일예배만 드리는 교인들도 나타났다. 그러나 교회는 대형 할인매장이 아니다. 교회에 헌금을 하고 설교나 교회 프로그램을 서비스 받듯 소비하는 태도가 공동체 안에 자리 잡지 못하도록 경계해야 한다. 개인이 건강한 신앙생활을 유지하고 교회가 건강한 공동체로 세워지기 위해서는 교인 개개인이 소속감을 가지고 공예배 외에 구역모임, 교구활동, 소모임 등에 참여해야 한다.

결국 교회에 새로운 질문이 던져졌다. '공동체적 결속력을 어떻게 하면 다시 강화할 수 있을까?' '한국교회는 지속 가능할까?'

질문하는 교회: 교회답게 살아가고 있는가

과천교회는 언제나 질문하는 교회였다. 교회란 무엇인지,

예배는 왜, 그리고 어떻게 드려야 하는지를 끊임없이 물었다. 신앙의 본질을 놓치지 않으려는 노력이었다. 또한, 지금 우리는 어디로 가야 하는지, 오늘날 교회는 어떤 얼굴을 가져야 하는지 등 시대의 사명을 읽기 위한 질문도 멈추지 않았다.

교회는 다음세대를 바라보며 자문했다. 아이들과 청년들은 과연 하나님을 어떻게 이해하게 될까. 대형교회도 복음적이며 개혁적으로 나아갈 수 있을까. 건강한 공동체를 위해 교회는 무엇을 해야 할까… 이 같은 질문들 앞에서, 과천교회는 언제나 '하나님이 인도하시는 길'을 선택했다.

과천교회는 여전히 길 위에 있다. 길 위에서 질문하고 믿음으로 답을 찾아가는 중이다. 답은 정해져 있지 않다. 따라서 과천교회는 늘 변화하며 새 술을 담을 수 있는 새 부대가 되고자 노력하고 스스로를 돌아보는 일에 최선을 다한다. 더불어 한 사람 한 사람의 이야기에 귀를 기울이며 교회의 삶으로 응답하고자 한다. 오늘도 교회는 묻는다.

"과연, 우리는 교회답게 살아가고 있는가?"

과천교회 기록물 이야기

창립75주년 기록편찬위원회

2024년 5월 과천교회 창립75주년 기록편찬위원회가 결성되면서, 이 책의 편찬 작업이 본격적으로 시작되었다. 이번 작업의 목적은, 우리의 기억 속에는 여전히 생생하지만 공식적인 기록으로는 충분히 정리되지 않았던 2010년 이후의 역사를 정리하는 데 있었다. 단순한 연대기적 나열이 아니라, 교회가 지나온 사건들을 스토리텔링 형식으로 엮어 각 시기의 의미를 해석하고 평가하고자 하였다.

기록편찬위원회는 교역자, 장로, 권사, 집사 10명, 객원작가 1명으로 구성되어, 1년 넘게 주요 사건들을 회고하고

- **편찬위원-** 최갑홍 최학근 장로, 제희원 안수집사,
  김지혜 제갈임주 집사, 이모민 사모,
  임문주 전도사, 노현민 김창환 주현신 목사

토론하며 하나님의 뜻을 찾는 과정을 거쳤다. 그 후 편집위원들이 글을 집필하고 서로 검토하며 보완하는 작업을 여러 차례 반복하였고, 그 결과 지금의 모습으로 완성되었다.

2025년 11월 출판이라는 시간 제약이 없었다면 완성도를 더 높일 수 있었을 것이다. 그러나 오히려 그 제한 덕분에 일상으로 분주한 편집위원들이 집중하여 이만큼의 결실을 맺을 수 있었다고도 할 수 있다. 지나온 시간의 파편들을 다시 잇다 보니, 모든 순간이 하나님의 인도 아래 연결되어 있었음을 새삼 깨닫게 되었다. 이는 지금도 살아 역사하시는 하나님의 손길을 경험하는 은혜였다.

PART2

응답하며

길을 걷다

시대와 도시, 그리고 개인의 삶이 변해 가는 과정 속에서
과천교회는 수많은 질문과 마주했다.
변화에 따른 시대적 요구와 스스로 던진 질문에 과천교회는
'영성, 마을, 교육, 문화, 돌봄, 친환경, 온라인'이라는
일곱 가지 방향을 중심으로 응답해 왔다.
PART2에서는 그 결실로 드러난 과천교회의 핵심사역을
하나씩 살펴보고자 한다.

다양한 삶,
다양한 예배

✦
✦
✦

"본질에 일치를, 비본질에 자유를,
이 모든 것에 사랑을"

시대마다 삶의 형태가 바뀌듯 교회의 모습도 조금씩 변해 왔다. 산업화와 민주화가 일어난 1980년대에 한국교회는 급격히 대형화가 되었다. 많은 목회자가 카리스마적 리더십을 지향했고, 교인들에게 예배 출석과 전도를 강조하며 신도 수를 늘리는 것에 집중했다. 이에 응답하듯 교인 수는 빠른 속도로 늘어났다. 어쩌면 목회자들이 가장 신나게 목회할 수 있었던 축복받은 시기였는지도 모른다.

2010년대에 이르면서, 산업화 및 민주화를 이룬 세대와 그 이후 세대가 함께 예배의 중심 세대가 되었다. 이후 세대는 이전 세대와 달리 가족 중심의 삶을 선호하고 미디어 사용에 익숙했다. 교회는 삶의 방식이 서로 다른 세대가 어우러질 수 있는 예배에 대해 논의하기 시작했다.

새로운 세대의 등장과 더불어 목회자의 리더십도 변화를 맞았다. 양적 부흥에 초점을 맞춘 기존과 달리, 이후 목회자들은 질적 부흥에 집중하며 교인들이 일상생활에서 그리스도인답게 사는지에 관심을 가졌다. 이들은 카리스마적 리더십보다 합리적이고 소통하는 리더십을 발휘하려는 경향이 컸다. 이 같은 흐름에 따라 교회는 예배의 형식과 내용, 환경에 대해 더욱 철저하고 세밀하게 고민하기 시작했다.

공간도 곧 예배다

교회건축은 지난 30여 년간 한국 기독교계의 큰 화두였다. 대형교회들이 교인의 수적 증가를 목표로 수백억을 들여

거대한 예배당을 건축하는 것이 과연 예수님의 가르침에 부합하는지, 그 재정을 구제와 봉사에 투입하는 것이 더 바람직하지 않은지에 대한 질문이 이어졌다. 이는 교회가 세간의 공격을 받는 대표적인 이유 중 하나이기도 했다. 예배 장소가 허름하거나 학교 강당을 빌려 사용하지만 예배의 본질에 집중하여 감동적인 예배를 드리는 교회들의 이야기가 미담으로 등장하기도 했다.

과천교회는 예배와 직결되는 구조와 구성에 대한 충분한 연구와 논의를 거쳤고, 이 논의는 2012년~2014년 예배

Design Development Submission _Consultant
Interior _ 2F~3F 대예배실 isometric

주님의 옷자락… 그 품에 안기다

2F~3F _ 대예배실

[2F 대예배실] AREA : 677.82 ㎡ / 205.04py
[3F 대예배실 중층] AREA : 380.04 ㎡ / 114.96py
TOTAL : 1,057.86 ㎡ / 320py

CH : 8,350

대예배실좌석수 : TOTAL 1,534 석

■ 2F 대예배실 회중석 : 886 석
성가대석 : 34 석
오케스트라석 : 20 석
■ 3F 대예배실 중층 회중석 : 594 석

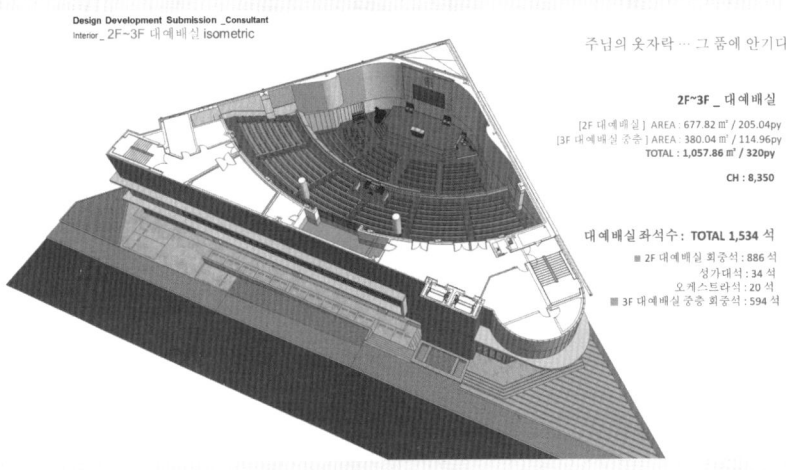

당 재건축을 진행할 때 구체화되었다. 크기를 늘리는 것보다는 형태에 변화를 주기로 결정하고 기존의 직사각형 모양을 부채꼴로 변경하였다. 그 결과 설교자와 성도 간의 거리가 가까워져 예배에 집중할 수 있는 분위기가 조성되었다.

본질에 일치를, 비본질에 자유를

예배의 본질은 '영과 진리'다. 모든 예배는 하나님을 향하고 예배의 중심은 예수 그리스도며, 예배 형식은 교인들의 환경과 시대의 문화를 고려한다. 과천교회는 다양한 세대가 함께할 수 있는 예배를 소망하며 치열하게 고민하고 논의했다. 그 결과 예배당 증축과 동시에 주일 공동예배를 다양하게 기획하게 되었다.

과천교회는 오전 6시 30분, 8시, 10시, 오후 12시, 2시 30분 총 다섯 번의 주일예배를 드리는데 시간대에 따라 예배의 형태가 다르다. 전통적인 예배, 오케스트라와 함께하는 예배, 핸드벨콰이어가 함께하는 현대식 찬양예배 등 개

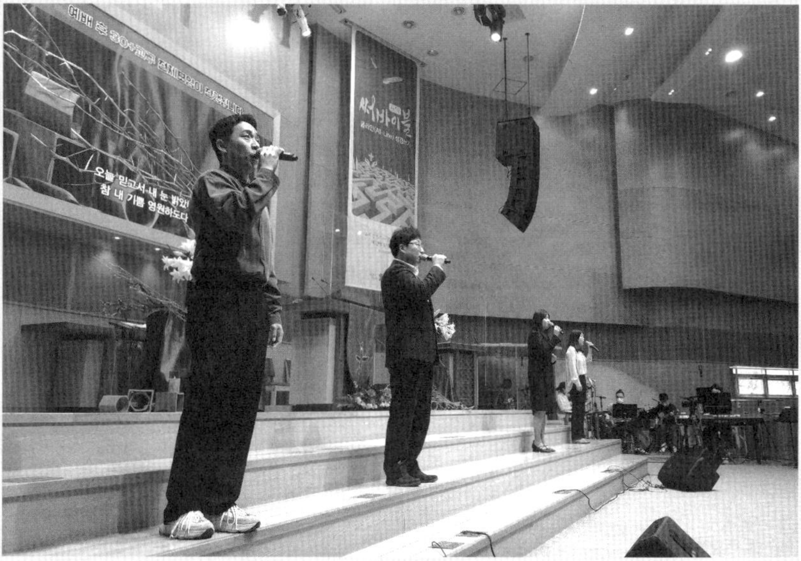
오늘 믿고서 내 눈 밝았네
참 내 기쁨 영원하도다
써바이블

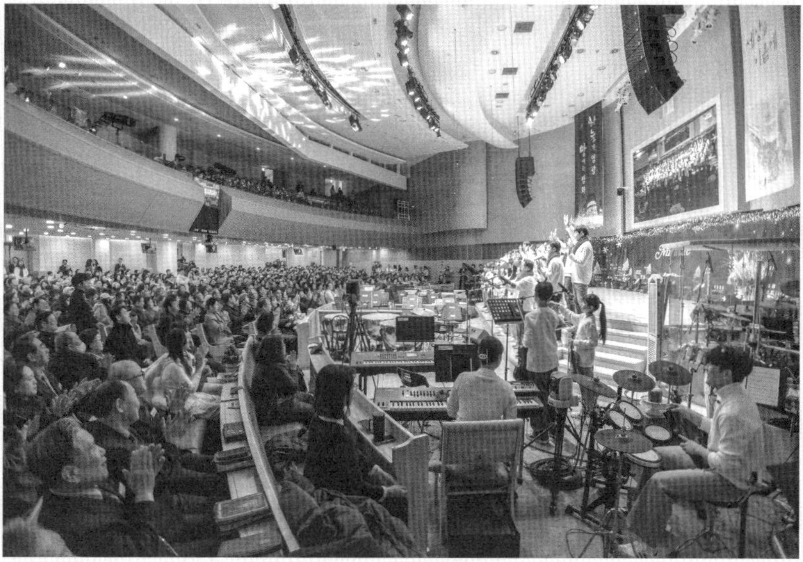

인의 취향이나 여건에 맞게 예배를 선택할 수 있다. 예배의 본질은 지키되 비본질적인 요소는 필요에 따라 바꿀 수 있다는 열린 자세를 취한 것이다. 이처럼 교회가 여러 형태의 예배를 유지하기 위해서는 예산뿐만 아니라 목회자를 비롯한 교인들의 헌신이 필요하다. 그럼에도 과천교회는 예배마다 그 형태를 달리하여 교인들의 예배 참여를 독려했고, 이는 한국 기독교계에 유의미한 사례로 남을 것이다.

교회가 다양한 예배 형식을 제공하고 전달력 높은 예배 환경을 지속적으로 갖춰 가면서 교인들은 예배에 더 깊이 참여했고 하나가 되어 갔다. 획일화된 결론을 고집스럽게 강요하는 강압적인 태도보다는, 다양성을 제공함으로써 마음을 하나로 모으는 유연한 태도가 필요한 시대다.

울림과 어울림이 있는 설교

담임목사 설교는 교인들 마음의 귀를 울린다. 성경말씀에 근거하고 신앙본질에 충실하면서도 교인들의 지성적, 정서적 욕구를 터치한다. 음악적 리듬감, 라임을 맞춘 문장, 잘 짜인 구조는 교인들의 청취력을 높인다. 시와 노래, 이야기와 유머, 사진과 그림과 동영상을 곁들인 한 편의 드라마 같은 설교는 교인들로 하여금 살아계신 하나님을 호흡하게 한다. 설교를 포함한 주일예배 순서의 일관된 메시지와 역동적인 흐름을 통해 교인들은 하나님 마음에 이끌린다.

담임목사 설교는 교인들 삶의 자리와 어울린다. 성경 속 사건과 사람을 오늘의 과제로 성찰하게 한다. 말씀과 생활, 믿음과 행함, 예배와 일상이 괴리되지 않도록 하늘과 땅을 이어 준다. 사회문제에 대해 기본 방향과 방식을 제시하되 구체적인 실천방법은 교인들 스스로에게 맡기는 열린 결말이 많다. 마침표로 끝나기보다는 물음표를 던지거나 느낌표를 기대한다. 설교의 중심을 지키되 유연성과 대중성을 통해 하나님 말씀을 교인 자신의 것으로 받아들이게 한다.

담임목사 설교의 울림과 어울림은 결국 "교회를 새롭게 세상을 이롭게"로 요약된다. 먼저 십자가사랑과 부활소망으로 신앙공동체가 새롭게 되고, 나아가 그 변화된 삶의 능력으로 하나님나라 복음을 세상 속에서 펼쳐 내도록 촉구

한다. 담임목사 설교는 과천교회 모든 사역의 구심력과 원심력이 되며, 설교의 바탕이 되는 핵심적인 성경구절은 갈라디아서 6장 9절이다. "우리가 선을 행하되 낙심하지 말지니 포기하지 아니하면 때가 이르매 거두리라."

예배의 미학을 높이다, 미디어

과천교회는 기술의 발달에 따른 삶의 변화에 민감하게 반응하여 예배를 지원하는 영상, 음향, 미디어 기술을 포함한 예배 환경을 시대에 맞게 조성하려고 노력한다. 예배 중간에 들어가는 광고에도 영상과 음악을 적절하게 사용하고, 설교 시각자료도 다양하게 준비하여 교인들이 예배에 집중할 수 있도록 도울 뿐만 아니라 목회자의 말이 보다 효과적으로 전달되게 한다.

교인들이 예배실에 들어와서 처음 접하는 이미지도 허투루 만들지 않는다. 설교 핵심 구절을 영상팀에 미리 전달하면 영상 담당 직원은 설교의 핵심이 한눈에 보이도록 디자인을 한다. 모든 것이 예배의 흐름, 예식과 관련이 있기 때문이다.

교회는 재건축 당시 음향과 영상 시스템을 새롭게 갖췄고, 코로나19를 지나면서 온라인예배를 위해 추가적으로 시스템을 보강하였다. 덕분에 교인들은 시간과 장소에 구애받지 않고 예배에 참여할 수 있게 되어 신앙의 신실성과 연속성을 유지할 수 있게 되었다.

과천교회는 미디어 환경의 변화에 따라 종이 주보와 온라인 주보를 동시에 제작한다. 또한 모바일 환경에 맞추어 온라인 주보 링크를 주일 전에 전 교인에게 공유해 예배를 미리 준비할 수 있도록 한다.

영과 진리로 드리는 예배?!

예배를 구성하는 요소들이 예배 환경을 바꾸는 것은 사실이지만 예배의 본질은 환경이나 형식에 있지 않다. 하나님께 영과 진리로 드리는 예배는 조건과 환경을 넘어서는 능력이 있다. 다만 예배의 기본에 집중하고 충실하기 위해 인간을 배려하고 돕는 일은 중요하다. 그 디테일에 교회의 영성과 철학이 담겨 있다. 마치 구약의 성전과 제사가 세밀하고 정확하게 조직되고, 중세 유럽의 성당들이 장엄한 구조와 화려한 스테인드글라스를 통해 메시지를 보다 깊이 전하려 애쓴 것과도 같다.

과천교회 또한 교인들이 예배에 더 집중하고, 더 깊이 반응하며, 예배를 더 오래 기억할 수 있도록 세심한 배려와 감각을 담아 예배를 준비해 왔다. 큐시트를 작성하여 예배인도자를 비롯한 모든 순서 담당자가 일체된 마음으로 예배 환경 조성에 힘쓰는 것도 같은 맥락이다.

그러나 솔로몬 시대의 성전이 하나님의 임재를 드러내는 귀한 공간으로 시작되었음에도, 세월이 흘러 외양과 형식에 고착되었을 때 오히려 하나님을 성전에 가두는 아이러니가 나타났던 역사를 기억해야 할 것이다. 과천교회가 잘 갖추어진 공간과 형식에 머무르지 않고, 살아 숨 쉬면서 영과 진리로 예배하는 공동체가 되기를 소망한다.

(미니 인터뷰) **예배 음악 이야기**

예배 시간, 설교 흐름에 맞춰 자연스럽게 흘러나오는 음악 소리가 있다. '사전 리허설을 진행하는 걸까?' 싶을 정도로 목사님의 설교와 건반의 멜로디가 조화롭게 어우러진다. 설교 반주의 비밀을 지금 공개한다.

인터뷰어 목사님 설교에서 빼놓을 수 없는 것이 배경 음악인데요, 이제는 마치 건반 연주가 설교의 한 부분인 것 같은 느낌마저 듭니다. 준비하는 과정은 어떻게 되나요?

음악 간사 설교 원고가 도착하면 일단 전체 내용을 훑어보면서 목사님의 지시문(삽입 찬양곡, 배경 연주가 필요한 시나 스토리텔링 구간)을 확인합니다. 그리고 목사님이 설교하실 때의 속도로 읽어 보면서 배경 연주가 필요한 대목의 이미지를 상상하며 음악적 전개를 구상합니다. 악보에 별도로 표시하는 경우는 거의 없고, 2부 예배 설교가 진행되면 대부분 그때그때 판단을 통해 음악적 전개를 확립해요. 그래서 2, 3, 4부 반주가 조금씩 다릅니다.

인터뷰어 선곡은 언제, 어떤 기준으로 하시나요?

음악 간사 모든 준비는 목사님의 설교 원고가 도착한 이후부터 시작됩니다. 목사님이 설교를 하시는 중에도 구상은 진행되고요. 지정 찬양의 경우에는 예배 시간대에 따라 목사님과 교우들이 편하게 부를 수 있는 높낮이 선택을 우선시합니다. 배경 연주의 경우는 대부분 즉흥 연주라서 상황에 따라 악상이 천차만별로 달라져요.

중점적으로 생각하는 것은 목사님의 목소리 톤을 받쳐 주는 음역대예요. 우선 음역대를 설정하고 목사님의 스피치 템포에 어울리는 흐름을 생각하며 연주합니다. 시간대에 따라 목사님 설교 톤이 조금씩 다르기 때문에 연주 속도나 짜임새의 밀도도 그에 맞춰 변화를 줍니다.

인터뷰어 설교 반주 중에 생긴 기억나는 에피소드가 있다면요?

음악 간사 예배를 세 번 연달아 드리다 보니 4부쯤 되면 간혹 설교 시간에 유체이탈(?)을 경험하기도 합니다. 한번은 배경 연주를 들어가야 할 타이밍에 무념무상으로 목사님을 쳐다보고 있었더니 목사님께서 "이쯤 되면 우리 예배 음악 간사인 전능자 예리님께서 스윽 나오실 때가 됐지요"라고 말씀하시며 제가 집중할 수 있게 해 주신 적이 있어요. 물론 저도 씨익 웃으며 자연스럽게 들어갔답니다.

따로 또 같이,
세대별 모임 - 30+교구, 은빛교구

"또래모임, 그 치명적 매력에 관하여"

젊은 세대가 교회를 떠나는 한국교회의 안타까운 현실과 달리, 과천교회로 향하는 30·40세대의 발걸음은 끊이지 않고 있다. 일례로 2023년과 2024년 과천교회 새가족 등록 교인 중 30·40세대가 차지하는 비율은 각각 36%, 42%였다. 이제 이 세대는 과천교회의 중심이 되고 있다.

2024년 12월 1일, 과천교회 예배당에서 65세 이상으로 이루어진 은빛교구 가족잔치 "은빛, 다시 청춘이다"가 열렸다. 은빛문화교실에서 갈고닦은 실력을 가족들 앞에서 뽐내는 발표회로 오카리나 연주부터 팬플룻, 라인댄스 등 다양한 순서가 있었고, 본당 안에 유행가 '아파트'가 울려 퍼지는 진풍경이 펼쳐졌다. 할머니, 할아버지가 무대에 서니 손녀가 엄마, 아빠와 함께 꽃다발을 들고 교회로 오고, 그런 가족들을 맞는 은빛교구 교인들의 얼굴에 생기가 돈다.

2010년 이후 과천교회의 중요한 변화를 꼽으라면 단연 30·40대가 교회를 확보하고 60대 이상이 역동적으로 교회 일에 참여하게 된 것이다. 이는 한국교회의 일반적인 분위기와는 다른 과천교회만의 차별점이라고 볼 수 있다. 많은 교회들이 어떻게 젊은 세대가 교회에 머물고 시니어 세대가 활기를 되찾을 수 있었는지 묻는다.

사실 15년 전만 해도 이와 같은 모습은 찾아볼 수 없었다. 당시 한국교회는 청년부를 지나온 30·40세대가 장년예배에 잘 적응하지 못하고 교회를 떠나는 추세를 보였다. 전문가들은 교회가 현실적인 문제를 담아내지 못하는 데다가 권위적이고 비민주적인 문화를 고집해 왔기 때문이라고 분석했다. 위기가 당장 눈앞에 드러나지 않았기 때문에 교회는 절박하게 대응하지 않았고, 해결 방법도 제시하지 못했다.

엎친 데 덮친 격으로, 한국사회의 큰 문제인 '저출산'과 '고령화'의 그늘이 한국교회에도 드리워지고 있었다. 특히 한국교회의 고령화는 사회에서보다 훨씬 빠르게 진행되고 있었다. 과천교회도 이 두 문제에서 결코 예외일 수 없었다.

2010년 이후 과천교회는 세대별 특성에 맞는 목회에 중점을 두었다. 교회의 지속 가능성과 성장을 그려 볼 때, 세대별 특성을 고려한 목회 전략과 실행이 그 어느 때보다 시급한 과제라고 인식했기 때문이다. 과천교회는 세대별로 독자적인 모임이 가능한 환경을 제공하고, 각 모임이 자치회를 구성하고 성장할 수 있도록 교회 차원에서 적극적으로 지원하기 시작했다. 세대별 모임이 자리를 잡아 가면 교구화를 하자는 목회 전략이었다. 결과적으로 30·40대로 이루어진 30+교구는 당당하게 과천교회 중심 세대로 세워졌고, 65세 이상 세대로 이루어진 은빛교구는 청춘의 활력을 되찾았다.

중간에서 중심으로, 30+교구

2010년 당시 1970~80년대생이 30대가 되면서, 기혼자 중심의 소그룹 '이삭과 리브가'는 오랫동안 정체되어 있는 상태였다. 그러다가 주현신 목사 부임 이후 30대들이 다시 모이기 시작했다. 주현신 목사가 청년부 담당 전도사였던 1996년~1998년에 청년부였던 이들이 30대가 되어 있던 것이 영향을 끼쳤을 것이다. 기존의 기혼자 중심의 모임에 미혼자가 합류하고 40대까지 함께하면서 모임이 확대되기 시작했다. 그리고 이후 그 명칭을 '30+'로 바꾸었다.

이 모임은 자치회 성격이 강했다. 주일 오후에 별도로 예배를 드렸고, 설교는 위임목사가 맡았다. 8명의 리더들은 평일 밤 늦게까지 지도 목사에게 리더 교육을 받는 등 리더들과 교역자 모두 매우 헌신적이었다. 그렇게 2년여의 시간이 지나고 예배당 재건축이 진행되던 '광야교회' 시절에 30+는 교육관에서 예배와 모임을 이어 갔다. 자녀들이 교육관에서 어린이 예배를 드리는 동안 부모들이 예배 및 자치 모임에 합류할 수 있도록 예배 시간을 당기고 동선을 일원화하면서, 교회학교 자녀를 둔 부모들이 30+모임에 많이 참여하게 되었다.

새로운 예배당이 완공된 후, 30+를 더 이상 별도의 예배로 분리하지 않고 본관에서 드리는 주일예배 3부와 4부에 병합하기로 결정했다. 광야교회 기간 동안 더 많은 리더들이 헌신했고, 구성원들에게 30+라는 공동체의 정체성이 분명해지면서 대예배에 흡수되어도 모임에 대한 충성도가 유지될 것이라고 보았기 때문이다. 이 결정은 확신이라기보다는 도전에 가까웠다.

실제로 30+는 더욱 성장했다. 과천 지역 재건축으로 30·40대가 꾸준히 유입되기도 했고, 구역모임 시 아이를 돌봐 주는 '꿈둥이부'를 신설하고 지도 교역자 수를 늘리는 등 교회의 전폭적인 지지가 맞물린 결과였다.

그리고 2018년, 30+는 과천교회 장년 조직의 한 교구로 편입되었다. 기존에는 청년부나 다른 지역교구에 속한 상태에서 개인의 선택으로 30+모임도 나오는 형태였지만, 이제는 30·40대에 해당하는 교인은 자동으로 30+교구에 속하게 된 것이다. 교구목사가 배치되었고, 교회의 목회 체계 안에 본격적으로 자리를 잡으면서 예배 및 새가족 정착도 교회의 전체 시스템과 연결되었다. 코로나19 시기에도 30+교구는 온라인 리더모임과 온라인 구역모임을 꾸준히 진행하며 조직의 안정에 힘썼다.

30+는 새로운 시도를 담은 실험적 모임이었다. 먼저 목회 리더십과 평신도 리더십이 함께 자라날 수 있는 장을 마련하였다. 즉, 협동목사의 목회적 돌봄을 통해 비전과 사명을 제시받는 한편, 세대 안의 리더들이 스스로 책임을 지고 운영하는 과정을 통해 공동체는 자생력을 키워 갔다. 교회는 이 과정에 개입하지 않으면서도 필요한 때에 지원을 아끼지 않았고, 그러한 균형이 건강한 성장을 가능하게 했다.

30+는 단순히 또 하나의 교구가 아니었다. 교회의 구조를 바꾸겠다는 위에서의 결정으로 만들어진 것이 아니라 함께 예배하고, 양육받고, 서로를 돌보는 과정을 통해 '공동체로 존재할 이유'를 스스로 확인하며 형성된 모임이었다. 그래서 30+는 단순한 프로그램이나 연령별 모임을 넘어, 교회의 한 부분이 어떻게 새로운 형식을 입고도 여전히 교회의 본질을 지켜 낼 수 있는지를 보여 주는 목회적 실험장이

되었다.

30+는 세대의 중간자 역할에 그치지 않고, 교회의 중심을 세워 가는 주체로 자리 잡았다. 2025년 현재, 30+교구에 속한 교인은 총 1천 2백여 명이다. 이들은 바자회나 체육대회 등 교회의 각종 행사를 섬기고, 플리마켓, 수련회 등 자체 친목 행사를 주도하며, 교회학교 행사와 장학회 등을 후원하면서 교회에 활력을 불어넣고 있다. 무엇보다 중요한 것은, 교회의 젊은 세대가 단순히 돌봄을 받는 대상을 넘어 교회의 미래를 준비하는 리더십으로 성장했다는 점이다.

30+의 역사는 목회적으로 큰 통찰을 남긴다. 교회의 변화는 선언이나 제도 개편으로만 이루어지지 않는다. 교회가 목회 리더십과 평신도 리더십이 함께 자라나도록 기다려 주고, 때에 맞는 돌봄과 지원을 더할 때, 새로운 구조와 형태는 자연스럽게 교회 안에 뿌리내릴 수 있다. 그리고 그 과정은 단순히 한 세대가 세워지는 것으로 끝나지 않고, 전 세대가 함께 살아가는, 곧 교회의 미래를 열어 가는 길로 이어진다.

목회는 사람과 공동체의 성장 속에서 이루어져야 한

다. 새로운 세대가 교회의 중심으로 자리 잡고, 다음세대와의 연결을 통해 전체 공동체가 함께 성숙할 때, 교회의 사역과 비전은 자연스럽게 살아 움직이며 확장된다. 30+모임의 경험은 앞으로도 교회가 변화와 도전을 마주할 때, 신앙적 원칙과 목회적 배려를 균형 있게 적용하도록 돕는 하나의 길잡이가 될 것이다.

전통에서 다시 청춘으로, 은빛교구

은빛교구의 뿌리는 1987년에 신설된 에녹부다. 에녹부는 정기 모임(예배)과 함께 특강, 야외예배, 헌신예배, 경로잔치(총동원잔치), 바자회 등의 활동을 통해 꾸준히 성장해 왔다. 2006년에 에녹 1부(60-69세)와 2부(70세 이상)로 나누었다가 2013년, 65세 이상으로 구성된 자치회 은빛사역위원회로 탈바꿈했다. 2016년에는 매주 250명이 모이고 58개 구역, 15개 문화강좌가 운영될 만큼 성장했다. 이 같은 성장세에 교구화 논의가 본격적으로 진행되었고 2019년, 전담 교구목사와 조직을 갖춘 '은빛교구'가 탄생했다. 은빛교구는 현재 65세 이상 교인 1천 5백여 명으로 구성되어 활발한 활동을 이어 나가고 있다.

은빛교구의 가장 큰 특징은 모든 사역이 자립을 원칙으로 한다는 것이다. 은빛교구는 크게 사역과 목양, 두 가지 부문으로 조직되어 있는데 사역 부문은 예배부, 봉사부, 문화부, 교육부, 선교부로 구성되어 있고, 목양 부문은 5개 지역, 70개 구역으로 구성되어 있다. 약 1백여 명의 교인이 섬김의 자리에서 헌신하고 있으며, 이는 에녹부에서 은빛사역위원회로 전환할 때의 목적, 곧 '더 이상 대접받는 대상이 아닌, 모든 사역의 주체가 되어 교회와 세상을 섬긴다'가 잘 실현되고 있음을 보여 준다. 한국교회에서 섬김의 대상이 아닌 사역의 주체로서 자립적으로 운영되는 시니어 공동체를 찾아보기 어렵다는 점에서 의미가 크다.

에녹부 시절부터 정기적으로 가져온 주중 모임이 변화를 거듭하면서 지금의 금요 은빛모임이 되었다. 경건회, 구역모임, 식사, 문화교실 순서로 진행되고 다양한 주제의 특강과 프로그램, 문화공연, 나들이, 영성순례 등이 병행된다. 특히 문화교실은 매 학기 약 15개의 강좌를 개설하는데, 130-150명의 교인들이 참여하고 있으며 감사하게도 강사들은 자비량으로 섬기고 있다. 그 외에 자체적으로 형성된 동아리들의 자발적인 문화 활동도 특징으로 꼽을 수 있다.

은빛 교구화의 핵심은 목양공동체로의 전환이다. 새가족 심방부터 장례예식까지 교인들의 모든 목회적 필요를 돕고 챙긴다. 코로나19 이후 대면 심방이 줄어드는 추세지만, 은빛교구만큼은 예외다. 연령 특성상 환우가 많고 자녀들과 따로 사는 경우가 많아서 오히려 심방을 반긴다. 기도 제목도 넘쳐난다. 외롭고 적적한 은빛교구 지체들에게 심방은 다시금 삶에 생기를 불어넣는 계기가 된다. 70여 명의 지역장, 구역장들이 교역자와 손발을 맞춰 교회와 교우들을 위한 사명을 잘 감당하고 있다. 비록 제직에서는 은퇴했을지라도 사명자로서의 은퇴는 아직이다.

이제 은빛교구는 많은 한국교회에서 관심을 가지고 탐방을 오는 공동체로 자리 잡았다. 물론 이렇게 되기까지 진통도 겪었다. 기존 교구와의 분리와 단절로 인해 교인들의 저항이 있었고, 여러 가지 불만이 제기되기도 했다. 하지만 교회 리더십이 한발 앞서 시대를 읽고 고민한 내용을 당회가 지지하고 많은 헌신자들이 은빛교구를 섬겨 왔기에, 무엇보다 하나님의 인도하심이 있었기에 지금의 은빛교구가 있다. 은빛교구 교인들은 은빛교구를 '참 행복한 곳', '소망의 통로', '오아시스', '활력소'라고 고백한다.

세대로 나누고, 세대를 잇다

30+교구와 은빛교구가 자리를 잡으면서 과천교회의 교구 조직은 세대 중심으로 재편되었다. 곧, 34세~43세의 30+, 이후부터 64세까지의 장년, 65세 이상의 은빛세대가 각자 삶의 자리에서 공감대를 나누며 교회를 이루어 가게 된 것이다.

    이는 단순한 조직개편을 넘어, 오늘날 목회의 중요한 방향성을 보여 준다. 백세 시대의 긴 여정 속에서, 또 기술과 문화의 변화로 세대 간 언어와 경험의 간극이 커져 가는 현실 속에서, 더 이상 물리적 이웃 관계만으로는 충분하지 않다. 사람들은 비슷한 연령대와 삶의 경험을 공유할 때 더 깊은 공감과 위로를 누린다. 다시 말하자면, 같은 아파트에 사는 이웃끼리의 연대보다, 사는 곳은 달라도 동일한 세대의 공감대가 더 큰 힘을 발휘한다. 세대중심 목회는 바로 이러한 필요에 응답한 것이다.

그러나 과제는 남아 있다. 세대별 공감대를 기반으로 한 모임이 세대 간의 단절로 이어지지 않도록 주의해야 한다. 각 세대의 특성을 존중하면서도, 교회 전체의 하나 됨을 위해 세대 간 연결을 적극적으로 모색해야 한다. 더 나아가 다음세대와의 통합, 곧 어린이와 청소년, 청년세대가 함께 호흡하며 신앙을 이어 가는 길을 찾는 것이 과천교회가 이루어야 할 중요한 사명이다.

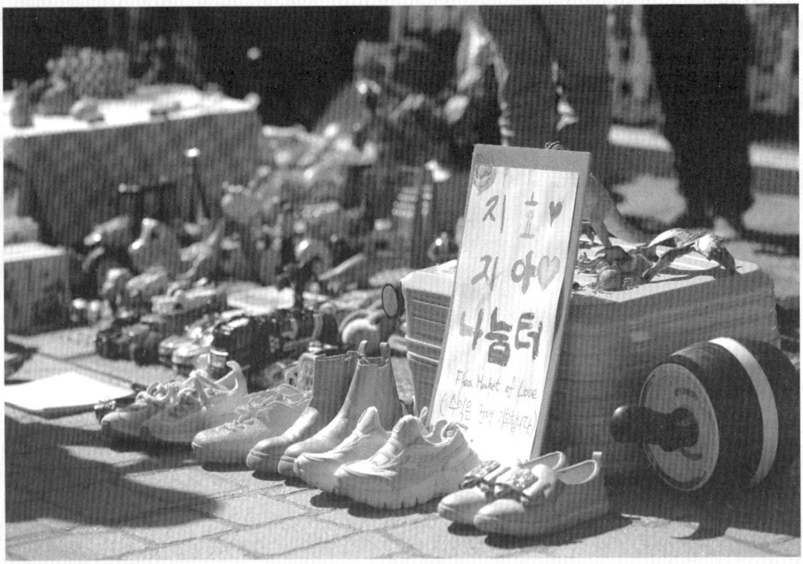
나눔터
Flea Market of Love
(수익은 전액 기부합니다)

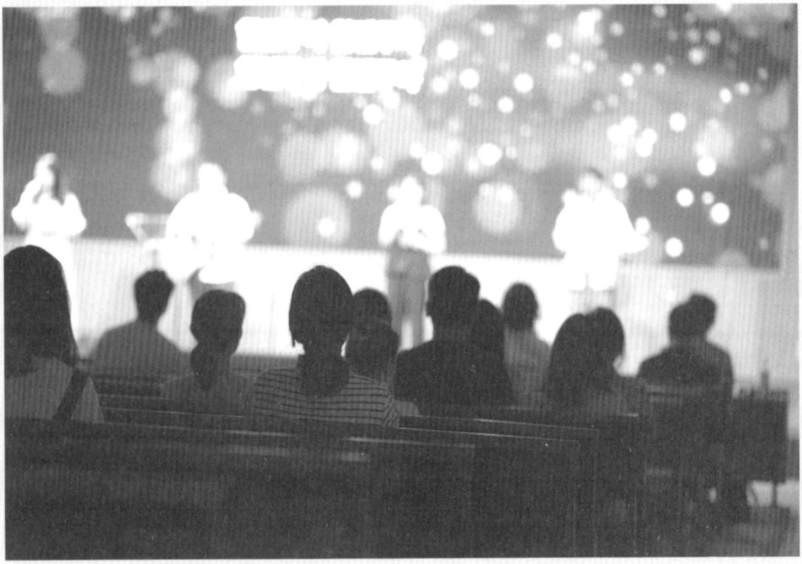

> 미니 인터뷰

30+를 경험하며…

한정란 집사 30+만을 위한 프로그램과 목회자들의 지속적인 관심은 우리가 그저 교적 대상이 아니라 교회가 정말 소중히 여기는 다음세대 혹은 최종병기라는 것을 느끼게 해 줘요. 우리의 필요와 고민을 세대적으로 이해하려는 시도들이나 가족 유형에 따른 분류, 맞춤 사역 등이 정말 세심하거든요. 참 감사한 부분입니다.

유가영 집사 부부가 되어 가정을 이루면서 다양한 관계가 재정

립되는 시기에 신앙적 가치관을 나눌 수 있는 공동체가 있어서 큰 힘이 되었습니다. 신앙뿐만 아니라 삶에서도 문제가 생길 때마다 크고 작은 도움을 많이 받았죠. 다양한 성격의 가정들을 보며 배우고 고쳐 나갈 수 있었습니다.

이화연 집사 비슷한 가치관을 가진 또래를 만나기가 쉽지 않은 세상인데, 좋은 사람들을 만날 수 있는 창구가 되어 줍니다. 청년부에서 장년부로 넘어가면서 스스로 바꾸어야 할 것들을 미리 경험할 수 있는 기회가 되는 것 같아요.

제희원 집사 보수적이라고 여겨지는 교회 조직에서 생애 주기를 바탕으로 한 세대를 따로 떼어 구성한다는 것은 매우 큰 결단이거든요. 그 과정이 큰 진통 없이 지나가고 새로운 조직이 정착할 수 있었던 것은 모두 하나님의 은혜라고 생각합니다. 30·40세대에게 넉넉한 품을 내어주며 지지해 준 교회와 믿음의 선배님들에게도 감사의 말씀을 전합니다. 지금의 30+는 은혜의 증거이자 열매입니다.

(미니 인터뷰) ## 은빛교구를 경험하며…

김금자 권사   은빛교구 목사님들이 세심하게 보살펴 줘서 참 좋아요. 문화교실에 다양한 프로그램이 있어서 삶의 윤활유가 됩니다. 모임이 끝날 때 체조까지 하니까 치매 예방에도 도움이 되는 것 같아요.

전혜자 권사   같은 세대끼리 따로 또 같이 모이니까 자주 볼 수 있고 가까워져서 좋습니다. 뒷방으로 물러나 있는 기분은 어쩔 수 없지만, 시대와 함께 역사를 만들어 가야죠. 타 교회에서 탐방을 올 정도로 은빛교구가 자리매김을 했다는 게 자랑스러워요.

최옥자 권사 주일예배 시간에 잘 보지 못하는 분들도 금요 은빛 교구 예배에서 안부를 접할 수 있어서 좋아요. 은빛 교구 교역자님들의 말씀이 참 은혜롭습니다.

유영복 장로 은빛교구 교우들 중에는 과천교회를 오랜 세월 다닌 분들이 많습니다. 그만큼 교회를 사랑하는 마음이 참 크죠. 매주 금요일 은빛교구 단독 모임을 하면서 예배를 드리고 취미활동도 하니 참 좋습니다. 필요한 곳에 돌봄이 잘 이루어지는 것 같아요.

하나 되는 교회로
성숙한 그리스도인으로
- 행복지기세움터

✦
✦
✦

"그렇게 가족이 되어 간다"

1990년대 초반, 과천교회는 '전도'에 집중했다. 온 교회가 "합시다, 됩니다, 할렐루야 아멘!"을 외치며 전도에 힘썼고, 덕분에 2천 명이었던 교인이 폭발적으로 증가해 2010년에는 2만 명에 이르는 은혜를 누렸다. 당시 교인들은 주일에는 예배를 드리고 주중에는 구역모임에 참여하며 교제를 나누었는데, 그러는 가운데 점점 신앙훈련이나 양육에 대한 갈증도 생겨났다. 양육 시스템이나 교육 과정이 체계화되어 있지 않았던 탓에 신앙훈련 프로그램이 있는 교회로 이동하는 교인들도 있었다. 성숙한 교회가 되기 위해서는 한 사람 한 사람이 말씀 안에서 바로 세워지고 성숙해지는 것이 중요하다는 사실을 교회가 인지하기 시작했다.

과천교회 맞춤형 신앙훈련의 탄생

2010년 주현신 목사 부임 후, 과천교회는 타 교회의 제자훈련 방식을 채용하는 대신에 과천교회에 맞는 전 교인 신앙훈련 과정을 개발하기로 하고, 교구목사들을 중심으로 연구에 착수했다. 주일예배와 구역모임 중심의 신앙생활 구조를 보완하기 위해서는 성품 변화와 감정·내적 치유 과정을 포함한 획기적인 훈련 프로그램이 필요하다고 판단했다. 이러한 훈련은 강의가 아닌 공동체적 만남을 강조하며, 단계별 수료를 통해 신앙 성숙을 돕는 방식이었다.

이에 과천교회는 '하늘행복 가득한 더불어숲'이라는 표어를 내세우고 과천교회 교인을 위한, 과천교회 목회자 팀에 의한, 과천교회의 전 교인 신앙훈련 시스템, 이름하여 '행복지기세움터'를 개발하였다.

행복지기세움터와 함께 성숙해 가다

2012년, 158명이 행복지기세움터의 적어도 한 과정을 수료했다. 초기에는 크게 두 가지 과정, 곧 기독교 신앙의 기초를 다지는 '기초과정'과 인생의 목적을 재발견하고 상처를 치유하며 제자의 삶을 배우는 '성장과정'으로 구성되어 있었다. 각 과정은 세 개의 세부 과정으로 나누어졌는데, 기초과정은 '새로운 만남-크리스천 베이직-행복한 큐티', 성장과정은 '인생 내비게이션-건강한 그리스도인-제자의 길'이었다.

'새로운 만남'은 과천교회에 등록한 새가족이라면 반드시 거쳐야 하는 과정으로, 5주 교육과 만남을 통해 교회를 알아 가고 공동체와 친밀해지는 시간이다. '인생 내비게이션'은 릭 워렌 목사의 『목적이 이끄는 삶』을 토대로 기획되었는데, 자신의 생애를 돌아보며 삶의 목적과 방향을 발견하도록 돕는다. '건강한 그리스도인'은 데이빗 A. 씨맨즈의 『상한 감정의 치유』에서 기본 콘셉트를 가져왔고, 피터 스카지로의 『정서적으로 건강한 영성』을 토대로 기획되었다. 일상에서 만나는 감정이나 문제를 신앙의 눈으로 바라보고 자신의 상처를 돌아보면서, 깨달은 것을 나누는 시간이다. 이 시간을 통해 교인들은 서로 더욱 친밀한 동역자가 되어 가는 것을 경험한다. '제자의 길'은 『존 스토트의 산상수훈』을 바탕으로 기획되었다. 하나님 사랑과 이웃 사랑, 기도와 봉사 등 신앙인으로서 가져야 할 삶의 태도와 행동을 배우면서 지식으로써의 신앙이 아니라 삶의 현장에서 발휘되는 신앙을 갖게 된다.

2018년 2,136명이 수료할 만큼 행복지기세움터는 큰 호응을 얻었다. 2019년에는 교회와 공동체를 섬기는 '리더십 베이직' 과정을 추가하며, 교인들이 제자의 삶을 실천하는 리더로 성장하도록 지원했다.

코로나19로 오프라인 강의와 모임이 전면 중단되었을 때, 교회는 '행복지기 스페셜' 과정을 마련해 40여 개 강의를 온라인으로 제공했다. 비록 쌍방향 소통은 제한적이었지만, 438명이 수료하며 단절과 불안 속에서도 신앙공동체로서의 역할을 이어 갔다. 그리고 2022년, 일상생활이 재개되면서 행복지기세움터는 다시 활기를 띠었다.

첫 강의가 개설되고 12년이 지난 지금까지(2025년 봄 기준), 기초과정 2,047명, 성장과정 1,086명, 섬김과정 22명, 행복지기 스페셜 438명, 총 3,593명이 행복지기세움터와 함께 성장하고 성숙했다.

	과정명
기초과정	새로운 만남
	크리스천 베이직
	행복한 큐티
성장과정	인생 내비게이션
	건강한 그리스도인
	제자의 길
섬김과정	리더십 베이직
	전문사역훈련
	섬기는 지도자

함께 걷는 제자의 길

행복지기세움터는 과천교회가 성장하는 교회에서 성숙한 교회로 나아가는 데 매우 중요한 역할을 했다. 항존직 선거에 참여하려면 '건강한 그리스도인'까지 수료하는 것이 필수로 지정될 만큼 신앙생활의 지표이자 기준이 되어 가고 있다. 초기 목회자들이 개발한 커리큘럼은 과천교회 교인들에게 자연스럽게 젖어 들었고, 과정별로 소그룹이 구성되어 목회자의 인도 아래 강도 높은 훈련이 진행되었다. 출석과 지각을 엄격하게 관리하는 어느 목사가 두 번 결석한 장로에게 망설임 없이 재수강을 통보했다는 이야기는 교인들 사이에 전설처럼 내려온다.

모든 훈련 과정은 소그룹 대면 모임으로 진행된다. 훈련 과정 이후에도 만남이 이어져 자발적인 소그룹이 만들어지기도 한다. 매해 훈련을 마무리하면서 전 과정에 참여한 이들이 1박 2일 행복지기 수련회에 참여하는데, 30+와 장년, 은빛이 함께하는 이 자리는 세대별 교구 목회를 보완하는 측면도 있다.

행복지기세움터를 한 번도 안 한 교인은 있어도 한 번만 한 교인은 없다는 말이 있을 정도로 만족도가 높다. 교인들의 참여가 높아질수록 목회자들은 주기적으로 피드백을 받아 커리큘럼 개선과 보완을 위해 노력하고, 그만큼 프로그램은 정교해진다. 한마디로 선순환 구조다. 그리고 이 모든 과정이 유연하게 진행될 수 있는 것은 스태프로 섬기는 이들의 헌신과 봉사가 있기 때문이다.

행복지기세움터는 12년간 전 교인을 상대로 신앙교육과 훈련을 체계적으로 진행하며 과천교회의 전통 있는 프로그램으로 자리를 잡았다. 참여자들의 만족도가 높은 만큼, 상황과 여건이 되지 않아 참여할 수 없는 교인들을 위해 다른 시간대도 개설하면 좋겠다는 건의사항이 지속적으로 들어온다. 또 심화과정을 하나 더 추가하고 건너뛰기 과정을 삽입하는 등 프로그램을 보다 다양하고 풍성하게 만들기 위한 고민도 이어지고 있다.

| 미니 인터뷰 | **행복지기세움터에 참여하며…**

정혜은 권사   행복지기를 섬기면서 '내가 먼저 행복해야 하는구나'를 느꼈습니다. 그리고 저에게도 그럴 힘이 생겼습니다. 한 과정을 수료하고 나니 다음 과정에 도전하려는 의욕이 생기더라고요. 행복지기세움터를 통해서 다른 교구 교우님들을 만날 수 있는 것도 큰 장점입니다.

최종용 집사   삶을 솔직하게 나눈 곳은 하나님과 행복지기세움터밖에 없습니다. 동기분들을 교회에서 만나면 마치 신병교육대에서 동고동락한 동기들끼리 느낄 수 있는 반

가움과 동기애가 있어요. 지금도 동기 모임을 가집니다. 나이는 다르지만 친구이자 든든한 동역자입니다.

이애련 권사 '건강한 그리스도인 과정'은 제 안의 거품을 빼는 시간이었습니다. 치장하고 있던 거짓된 자아를 벗는 시간이었죠. 너무나 다양한 모습으로 거짓을 감추고 있어서 찾아내기 힘들었습니다. 훈련을 통해 저의 내면을 들여다볼 수 있었고, 홀로 주님을 만나는 기쁨을 알게 되었습니다. 깊은 영성으로 이끌어 주신 목사님과 함께한 친구들에게 감사드립니다.

성점효 권사 제자훈련을 마치고 약 1백 명이 함께한 1박 2일 수련회는 무척 즐거웠습니다. 모든 순서가 끝나고 원으로 빙 둘러서서 담임목사님부터 릴레이로 한 사람씩 끌어안으며 "사랑합니다, 축복합니다" 말할 때, 주님의 사랑이 느껴져 마음이 뜨거웠고 눈물이 흘렀습니다. 감격했던 것 같아요. 이런 사랑, 세상에서 받을 수 없는 사랑이 아닐까요?

먼저 다가감으로,
다음세대

✦
✦
✦

"교회친구=평생친구"

2023년 기준 대한민국의 출산율은 0.72명이다. 골목마다 아이들로 빼곡하던 풍경은 이제 먼 과거의 이야기거나 비현실적인 이야기가 되어 버렸다. 저출산이 사회적 문제로 떠오른 이후 이에 대한 대책이 우후죽순 나오고 있지만, 아직 뾰족한 대안이나 해결 방안은 보이지 않는다.

저출산은 사실 어제오늘의 문제가 아니다. 1990년대와 2000년대를 거치면서 19세 이하 인구는 점점 감소했고, 교회학교 인원은 매우 큰 폭으로 줄어들었다. 예장통합교단이 발표한 자료에 따르면, 2022년 초중고 학생 수는 2013년에 비해 19% 감소했는데, 동기간 초중고 교회학교 학생 수는 무려 37%나 감소했다고 한다. 또한 목회데이터 연구소가 2021년에 발표한 자료를 보면, 개신교 청소년 3명 중 1명이 "성인이 되면 교회에 안 다닐 것 같다"라고 응답했다고 한다.

과천교회는 이 문제에 어떻게 대처할지 깊이 고민하고 논의하며 다음세대를 위한 신앙교육을 최우선에 두고 교육 시스템과 인프라를 강화해 왔다. 그뿐만 아니라 교회 밖 다음세대를 위해 교회 문턱을 대폭 낮추고 그들에게 먼저 다가가기 위해 노력했다.

다음세대를 위한 신앙교육은 언제나 최우선

과천교회는 1960년대와 1970년대에 교회학교 사역의 기틀을 다졌다. 천막 예배당 시절, 열악한 환경에서도 교회학교 교사와 학생들은 모이기에 힘쓰며 열정적으로 말씀을 배우고 찬양했다. 1975년, 대한민국 인구의 절반이 19세 이하였던 시기에 교회학교를 영·유아부터 중고등부까지로 세분화하며 연령별 신앙교육을 강화했다. 또한 교회 내 아이들뿐 아니라 지역사회의 어린이에게 복음을 전하는 여름성경학교를 진행하며 예배와 놀이의 장으로서 교회의 역할을 확장했다.

2010년 이후 과천교회는 장기적인 목표를 가지고 교회학교 시스템을 체계화하며 인프라를 강화했다. 가장 먼저 다음세대교육위원회를 신설하고 그 산하에 교육기획부를 두어 교회학교 운영 전반을 조율하고 서로 협력하도록 했다. 이를 통해 한 걸음 더 멀리 내다보며 통일성 있는 교육을 진행할 수 있었다.

시대에 따라 변화하고 발전해 온 과천교회가 변화의 시점마다 최우선적으로 고려한 것은 다음세대다. 과천교회 교회학교에 매 주일 평균 6백 5십여 명의 다음세대가 출석하는데 10명의 교역자와 2백여 명의 교사가 교회학교를 위해 사역하고 있다. 교사 한 명당 약 3명의 학생을 돌보는 셈이다. 이는 과천교회가 다음세대를 얼마나 중요하게 생각하는지 알 수 있는 부분이다. 또한 과천교회는 교사들을 위해 교사학교, 신입교사 아카데미, 교사 수련회, 교사의 날 등 다양한 훈련 및 격려 프로그램을 운영하고 있다.

과천교회는 공간 활용에 있어서도 다음세대를 최우선으로 한다. 2017년 이천 기도원 매각 건을 두고 의견이 다양하게 나뉘었을 때도 매각 후 생긴 재정을 다음세대를 위해 사용한다는 것에 대해서는 만장일치를 보였다. 해당 재정으로 교육관을 증축하였는데, 이는 기도의 영적 자산이 다음세대를 위해 사용되었다는 데 의미가 있다. 또한 영유아, 유치부를 교육관 건물이 아닌 본관에 배치한 것도 다음세대를 향한 과천교회의 사랑을 엿볼 수 있는 부분이다.

다음세대를 위해 문턱을 낮추다

아이들이 줄고 있고, '교회에 다니는' 아이들은 더 줄어드는 상황에서 교회가 할 수 있는 일은 무엇인지 교회는 끊임없이 물었다. 그리고 얻은 답은 아이들에게 먼저 다가가는 것, 아이들의 필요와 요청에 귀 기울이는 것, 아이들을 교회로 초청하는 것이었다. 이에 따라 과천교회는 청소년사역을 위해 지역과의 연결을 강조하며 교회의 문턱을 낮췄다.

과천 청소년 문화페스티벌인 '과천e스타'와 '과천스타'를 교회에서 진행할 때 온 교회가 예배당 문을 활짝 열고 마을의 다음세대를 환영하였다. 게임과 재능 경연은 청소년들이 교회를 자연스럽게 경험하고 즐길 수 있는 장이 되었으며, 다양한 기관과 교인들의 지원 속에서 지역 청소년 문화 활성화와 가족 간 화합에도 기여했다.

과천중학교 힐링센터, 청소년꿈터 등 지역 청소년을 위한 전문적인 지원 활동도 이어 갔다. 2022년에 개관한 청소년꿈터는 당회 직속 위원회로 구성되었고 현재 과천스타와 과천e스타를 주관하고 있다. 또한, 복지관 2층을 리모델링하여 지역 청소년을 위한 스터디카페로 운영 중이다.

과천교회의 청소년사역은 단순한 신앙교육을 넘어 지역사회와 교회를 연결하고, 청소년들에게 안전하고 의미 있는 성장 공간을 제공하는 모델로 자리 잡았다. 이렇듯 과천

교회는 지역사회의 청소년들이 행복하게 10대를 보내고 또 교회를 새롭게 경험할 수 있도록 다양한 형태의 사역을 펼쳐 나가고 있다.

다음세대를 위한 준비

최근 한국교회 목회에서 대두되고 있는 키워드는 '돌봄'이다. 과천교회 다음세대교육위원회 역시 돌봄목회를 핵심 사역으로 여기고 개개인의 정서적, 영적 필요를 세심하게 살피며 다음세대가 건강한 그리스도인으로 성장할 수 있는 기반을 다져가는 중이다. 시냇가 상담센터와 협력하여 청소년 심리 검사 및 상담 등을 지원함으로써 교회가 지역 청소년들의 든든한 정서적 울타리가 되어 주는 동시에, 가정과의 협력 및 지역사회와의 연결을 확대하고 온라인 사역도 확장해 갈 계획이다.

현재 과천교회 교회학교는 영아부, 유아부, 유치부, 어린이 1, 2, 3부, 중등부, 고등부로 구성되어 있다. 영아, 유아,

유치부를 묶어 '하늘사랑', 어린이 1, 2, 3부를 묶어 '하늘생명', 중고등부를 '하늘평화'라고 부른다. 과천교회는 다음세대가 변화하는 시대 속에서 복음의 본질을 지키고, 하나님 나라를 든든히 세우는 사명을 감당하며, 무엇보다 하늘 사랑, 행복, 평안을 충분히 누릴 수 있도록 교회 지원을 아끼지 않는다.

(미니 인터뷰) **2022 과천e스타 가족 카트라이더 부문 우승, 유정기 집사**

인터뷰어 어떻게 참여하게 되었나요?

유정기 집사 처음에는 청소년들만의 축제라고 생각했습니다. 그런데 지인에게 부모와 자녀가 같이 참여할 수 있는 가족대회가 신설되었고 참가자를 모집 중이라는 이야기를 듣고는 신청하게 되었습니다. 카트라이더는 제가 중고등학교 시절에 친구들과 재미있게 했던 기억이 있고, 최근에는 모바일 기기를 통해 아이들도 많이 접하고 있는 게임이어서 한번 참가해 볼 만

하다고 생각했습니다.

두 자녀의 치열한 경합 끝에 큰아이와 팀을 만들게 되었는데, 합을 맞추다 보니 옛날 생각이 새록새록 나고 추억에 젖어 오히려 제가 더 즐겼던 것 같습니다. 행사 당일 예선을 치르면서 한 경기씩 승리할 때마다 기대감이 커졌고, 열심히 응원하는 가족들을 보는 것도 재미있었습니다. 이렇게 결과가 좋을지는 예상을 못 했는데 우승까지 하게 되어 더 기억에 남는 행사가 되었습니다.

인터뷰어 참여하며 무엇을 느끼셨나요?

유정기 집사 다음세대 친구들 대부분이 게임을 접하고 있고 게임에 흥미를 가집니다. 친구들 사이에서 게임이 대화 소재가 되기도 하고요. 저도 청소년 시절에 게임을 하면서 친구들과 공감대를 형성했습니다. 최근에 자녀들과 소통하기 위해 아이들이 하는 게임을 같이 해 보았는데 의미 있는 시간이었습니다. 이번 행사를 통해 자녀와 함께 시간을 보내며 어느 정도 공감대와 유대감을 형성할 수 있어서 좋았습니다.

인터뷰어 마지막으로 한마디 해 주시겠어요?

유정기 집사 신성한 교회에서 왜 게임 대회 같은 안 좋은 행사를 하느냐는 기사를 본 적이 있습니다. 언론에서는 게임을 사회악으로 나타내는 경향이 있는 것 같습니다. 하지만 저는 이번과 같은 행사를 긍정적으로 생각합니다. 과천교회는 이러한 행사를 통해 젊은 세대에게 친근한 모습으로 다가가고 있고, 그 시도는 비교인들과 교회 사이의 벽을 서서히 허무는 계기가 될 것이라고 생각합니다. 꼭 게임이 아니더라도 부모가 자녀들의 관심 분야를 이해하고 함께해 본다면, 왜 아이들이 이렇게 열광하는지 알 수 있을 것입니다. 함께함으로써 얻을 수 있는 긍정적 효과가 있으니 꼭 해 보시라고 말씀드리고 싶습니다.

우리는 다시
마을로 간다

✦
✦
✦

"처음부터 마을교회"

과천교회의 정체성을 이야기할 때 빼놓을 수 없는 단어는 '마을교회'다. 과천교회는 양적 성장의 기반 위에 영적 성숙을 추구하면서, 선교적 교회와 마을목회라는 핵심 가치 아래 지역의 신뢰를 회복하고 세상을 이롭게 하는 데 힘쓰기 시작했다.

    과천교회는 시작부터 마을과 함께였다. 1950년 2월에 첫 예배를 드린 후 75년 동안 지역주민들과 동고동락하며 과천의 대표 교회로서 지역사회를 살피고 선한 영향을 끼치기 위해 노력해 왔다.

과천은 마을목회를 하기에 좋은 지역이었다. 간혹 '과천'을 '과촌'이라 우스갯소리로 말하는 이들이 있는데, '과촌'이라고 칭하는 데는 그만한 이유가 있다. 과천은 경기도 면적의 0.35%밖에 안 되는 작은 도시로 전국의 시, 군 중에서 두 번째로 작고, 인구도 적은 편에 속한다. 인구는 1986년 이후 35년간 평균 7만 명 선을 꾸준히 유지해 오다가, 2021년 재건축 아파트 단지 입주로 외부 인구 유입이 늘어나면서 2025년에는 약 8만 명이 되었다. 그래도 여전히 다른 도시에 비해 면적이나 인구가 작은 편에 속한다고 할 수 있다. 이렇듯 인구가 적고 면적도 작아서 마을 소식이 공동체 구성원들에게 빠르게 전해지고, 지역사회 공동체성이 다른 도시에 비해 아직 많이 남아 있다.

종교적인 부분에서도 특징이 있는데, 개신교 교회가 23개가 있을 정도로 교회 강세 지역인 동시에 사이비 종교로 유명한 신천지의 본거지이기도 하다. 각지에서 모인 신천지 교인 가족들이 과천 시내에서 신천지 반대 집회를 여는 경우도 있었다. 과천에 본당을 지으려는 시도에 교회와 지역주민이 적극적으로 반대 의사를 피력해 막아 냈으나 신천지의 확장 시도는 계속되고 있다. 이러한 과천의 지리적, 문화적 배경 탓에 교회가 지역사회에 미치는 영향은 클 수밖에 없었다.

교회 중심에서 마을 중심으로

2010년 이후 과천교회는 과천 지역의 행정기관, 사설기관, 지역주민과 긴밀히 소통하고 협력하면서 마을사역을 확대하였다. '전도'를 위해 마을을 지원하는 것이 아니라 마을의 필요를 살펴 지원하는 방식으로 사역을 변경한 것이다. 이제는 지역사회가 먼저 과천교회에 도움을 요청한다. 교회의 자발적 사역에서 출발해 지역사회의 제도로 정착하는 과정에 있다고 볼 수 있겠다.

    2011년 '사회복지법인 과천교회복지재단'을 '사회복지법인 하늘행복나눔재단'으로 명칭을 변경하였는데, 이는 사역을 교회 중심에서 마을 중심으로 전환하여 지역에 더 가까이 다가가겠다는 의지를 표현한 것이다. 과천시는 교회의 노력을 인정해 어린이집 위탁을 맡겼고, 교회는 자연 친화적 교육과 직장 어린이집 운영으로 지역사회와의 협력을 강화했다. 특히 2013년부터 '과천시건강가정지원센터'(현 가족센터)를 위탁 운영하며 가족 상담, 다문화 지원, 아이 돌봄 등 사역이 확장되었다. 2016년에는 '마을돌봄나눔터'를 열어 맞벌이 가정의 돌봄 공백을 해소했고, 전국 1천 3백 개 이상의 '다함께돌봄센터'로 확산되었다. 이는 교회와 재단, 행정기관, 지역사회가 머리를 맞대어 마을의 필요를 해결한 대표적인 사례였다.

과천교회는 장애인을 위한 사역도 지속적으로 진행해왔다. 발달장애인 직업적응훈련시설인 '행복우산'을 과천교회 복지관 1층에 마련하여 바리스타 자격증 및 제과제빵 자격증 취득을 지원하였다. 2021년에는 성인 중증장애인에게 직업재활 서비스를 제공하는 장애인보호작업장 '행복나무'를 위탁 운영하며 장애인들의 직업 활동을 적극 지원했다. 또한 청각 장애인을 위한 에바다부에서는 예배 지원을 위해 별도의 수어 예배와 온라인 수어를 운영하는 등 장애인 사역을 점차 강화하고 있다. 이렇듯 하늘행복나눔재단은 지역사회 구성원들의 필요에 귀를 기울였고 응답했다. 덕분에 과천교회는 마을과 마을을 잇는 복의 통로가 되었다.

교회창립 70주년을 맞아 미래목회를 준비하며 시작한 돌봄목회 중에 '시냇가 상담센터'가 있다. 포스트 코로나19 시대에 성도들을 어떻게 돌보는 것이 좋을지, 과천 시민을 무엇으로 섬길지 오랫동안 고민한 끝에 나온 결과물이었다. 안타깝게도 우리나라의 우울증 유병률은 OECD 국가 중 1위다. 특히 신앙인이라는 이유로 정신질환을 숨긴 채 상담 한번 받아 보지 않는 이들이 많다. 시냇가 상담센터는 삶의 희망을 발견하지 못한 사람들이 살아야 하는 이유를 찾고, 자신의 삶을 돌보며, 생명을 사랑하고 존중하도록 돕는 활동을 해 나갔다. 2022년 6월 시냇가 상담센터를 개원해서 마을돌봄을 강화했고, 이러한 노력을 인정받아 라이프호프 기독교자살예방센터로부터 '생명보듬교회상'을 수상했다. 2025년 9월 '사단법인 하늘숲'이 설립되면서 기독교 전문 상담기관으로 발돋움하고 있다.

최근 한국기독교사회문제연구원의 발표에 따르면, 기독교에 대한 호감도가 낮은 이유로 사람들은 "지나친 전도"를 꼽았다고 한다. 한국교회가 지역사회를 위해 좋은 일을 많이 하고 있음에도, '일방적인 전도' 같은 소통 방식의 문제로 인해 그 노력이 폄하되거나 오히려 지역주민들과의 갈등이 생기기도 한다.

오랜 기간 마을과 함께한 과천교회도 지역 공동체와 갈등을 겪은 사례가 더러 있었다. 그러나 2010년 이후 마을과의 소통 방식에 혁신적인 변화를 가져오면서 점차 마을과의 관계를 회복해 왔다. 지금은 지역사회와 손을 맞잡고 지역사회의 필요를 함께 채우며 더불어숲을 이루어 가고 있다.

목회자 중심에서 평신도 중심으로

마을목회의 패러다임 전환은, 사역의 무게중심을 '교회'에서 '교인'으로 이동했다는 점에서 중요하다. 이는 곧 교인 개개인이 그리스도인으로서 마을 공동체에서 어떻게 살아갈 것인가를 깊이 고민하고, 마을 주민, 행정기관, 사설 기관과 소통하며 살아가는 방법을 찾아가야 한다는 의미다. 과천교회는 마을목회 사역의 주체를 목회자에서 평신도로 이동했다. 2020년 하늘행복나눔재단의 대표이사로 이정달 장로가 취임하였는데, 이는 목회자 중심으로 재단 조직을 구성했던 기존과는 다른 형태였다. 하늘행복나눔재단을 비롯한 산하 여러 시설을 투명하고 공정하게 운영하기 위한 노력의 일환인 동시에, 교인들이 목사를 보조하는 수동적 역할에 머물지 않게 하려는 것이기도 하였다.

과천교회 교인들은 과천시 공공기관 및 민간기관들, 과천시 내의 여러 기독교 단체들과 협력하여 마을사역을 지원하고 있다. 또한 우면산 공군부대, 과천경찰서, 서울구치소, 안양교도소, 법무부, 방사청, 시청 등 공공기관의 신우회와 과천호스피스, 기독실업인회 과천지회, 과천청년회의소, 마사회 등 많은 기관 및 단체들과 협력하고 있다.

앞서 언급한 과천호스피스에는 많은 과천교회 교인들이 봉사로 참여하고 있다. 2011년, 과천교회 부교역자로 사역했던 목회자를 마을선교 차원에서 전담 사역자로 파송하였고, 봉사 지원자들에게 전문자원봉사자 교육을 실시하는 등 사역을 전문화하였다. 2024년까지 총 559명의 자원봉사자가 교육을 수료하여 말기암 환자와 그 가족을 돌보았다.

과천의 또 하나의 상징인 경마장과도 과천교회는 함께했다. 2004년 교인 3명이 관악산 등산로에서 커피를 제공하는 활동이 시작이었다. 이후 경마장으로 마을선교가 확대되어 2012년 과천시기독교연합회의 협력 아래 매주 25명이 커피 3천 5백 잔을 경마장 이용객들에게 제공했다. 2014년 마사회에서 제공한 부지에 시민과 교회가 휴게소(예사랑)를 세워 경마장 이용객들에게 안식처를 제공했다.

함께 숨 쉬는

과천교회의 마을목회는 단순한 봉사를 넘어, 교회와 마을이 함께 살아가는 이야기로 자리 잡았다. 교회는 마을의 목소리에 귀 기울이고, 주민과 단체, 행정기관과 손을 맞잡아 삶의 현장을 변화시키기 위해 노력하고 있다. 어린이집, 가족

센터, 돌봄나눔터, 장애인 사역 등 곳곳에서 펼치는 다양한 사역은 과천교회 교인들과 마을이 함께 만들어 가는 살아 있는 공동체의 풍경이다.

과천교회는 오늘도 교인과 마을이 함께 숨 쉬고, 함께 자라며, 함께 하늘의 행복을 누리는 길 위에서 걸음을 이어간다.

> 미니 스토리

마을돌봄나눔터 이야기

하나

3단지 래미안 슈르를 이용하는 맞벌이 가정의 이야기다. 아이의 엄마는 아이가 초등학교에 입학하자 휴직을 할지, 사직을 할지 고민이 많았다. 그러다 마을돌봄나눔터를 알게 되었고, 치열한 경쟁(아이 부모의 표현)을 뚫고 마을돌봄나눔터를 이용할 수 있게 되었다.

맞벌이 부부는 누구나 아이 양육에 대한 고민을 갖고 있지만, 이를 터놓고 이야기할 대상을 찾기 힘들다. 그런데 마을돌봄나눔터 이용자들은 랜선 교류를 통해 고민을 나눌 수 있다. 선배 부모들은 신입 부모들의 어려움에 공감하고 자신의 경험을 들려주기도 한다. 이러한 과정을 겪으며 함께 아이들 키운다는 의미가 무엇인지 알게 되고, 엄마는 정서적으로 안정감을 느끼게 된다.

특히 코로나19로 갑자기 학원 운영이 중단되어 발을 동동거렸을 때, 마을돌봄나눔터는 든든한 버팀목이 되었다. 아이들이 편안하게 집처럼 이용할 수 있었고, 또래 친구들과 자주 만날 수 없는 상황에서 돌봄선생님들이 함께하며 아이들이 외로움을 느끼지 않고 잘 버틸 수 있게 도왔다.

둘

마을돌봄나눔터는 신체적, 정서적으로 안전한 돌봄을 지향한다. 다음은 하나의 사례다. 한 아이가 태권도 도장에서 발을 다쳤다. 용감하게 보이고 싶었던 아이는 아픈 것을 숨기고 말하지 않았다. 아이 행동이 이상한 것을 느낀 센터 선생님이 아이와 대화하며 태권도장에서 다친 것과 선생님에게 말하지 않고 도장을 나온 것을 알게 되었다. 센터 선생님은 아이의 동의를 얻은 후 부모님께 연락하여 아이를 병원에 데려갔다. 검사 결과 발가락이 골절되어 있었다. 다음 날 아이는 깁스를 하고 마을돌봄나눔터에 왔고, 아이 부모는 센터에서 세밀하게 관찰하고 돌보아 준 것에 감사를 표현하였다.

셋

영어권 국가에서 태어나 한국으로 온 아이가 있었다. 아이는 대체로 레고 만들기, 독서, 숨은그림찾기 같은 혼자 하는 활동을 좋아했고, 서툰 한국어와 잘 어울리지 못하는 성향 탓에 친구들로부터 오해를 받아 잘못을 뒤집어쓰거나 힘 있는 친구들에게 공격의 대상이 되곤 하였다. 선생님은 이 아이에게 공동체 활동과 친구들과 관계 맺는 방법을 익히는 것이 필요하다고 생각했다.

선생님은 먼저 아이가 사용하는 부자연스러운 말을 고쳐 주고, 될 수 있으면 표준어를 사용하도록 도왔다. 그리고 아이가 친구들 앞에서 영어로 말할 기회를 주었다. 아이의 유창한 영어에 친구들은 놀랐고, 이 아이가 영어뿐만 아니라 레고 만들기, 숨은그림찾기도 잘한다는 것을 알게 되었다. 친구들 앞에서 자존감을 회복한 아이는 친구들과 피구, 전래놀이, 보드게임 등의 활동을 하며 함께 어울리고 소통하는 방법을 알아 갔고, 게임의 규칙을 통해 상호작용하는 법도 배우게 되었다. 그뿐만 아니라 프로그램 시간에는 참여해야 한다는 것을 받아들이고, 스스로를 조절하는 힘도 점차 늘어났다. 아이의 어머니는 아이의 변화가 교사들 덕분이라며 감사함을 전했다.

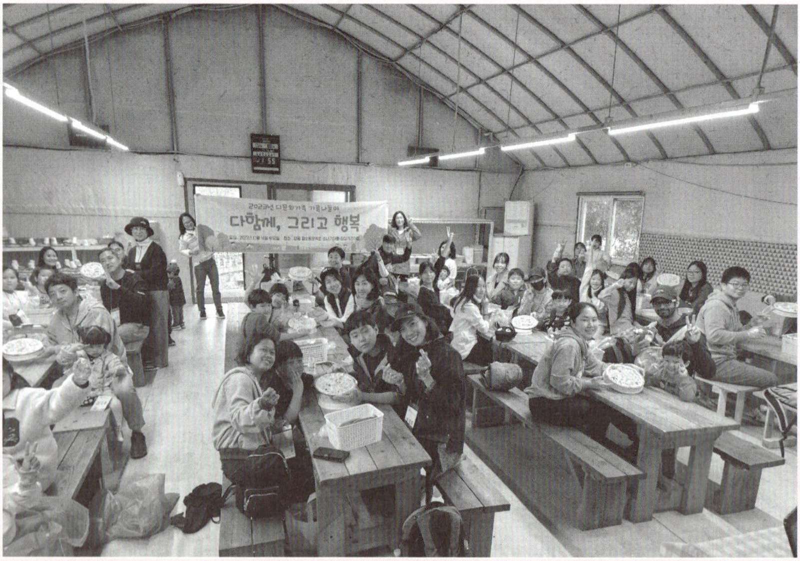
2023년 다문화가족 가을나들이
다함께, 그리고 행복

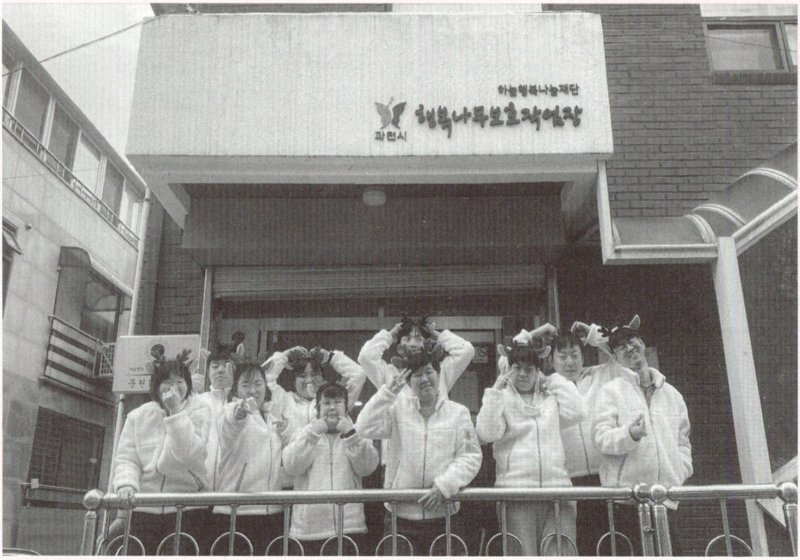
하늘행복나눔재단
과천시
행복나무보호작업장

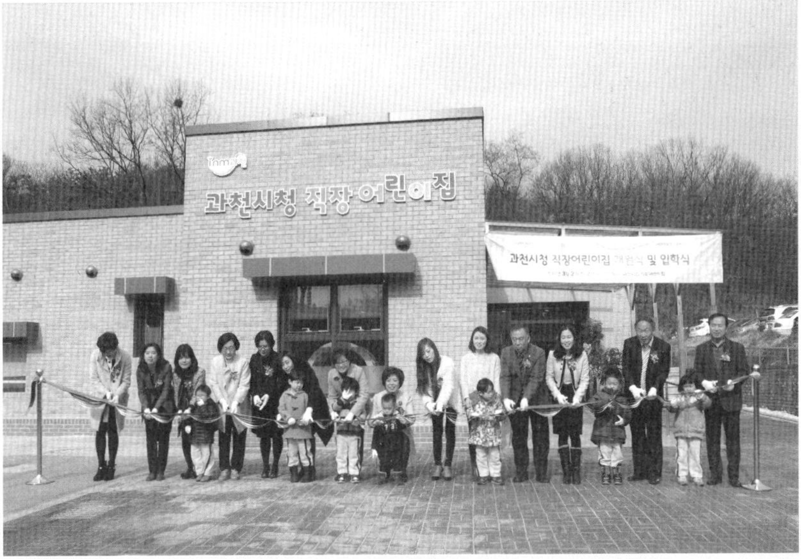
과천시청 직장 어린이집
과천시청 직장어린이집 개원식 및 입학식

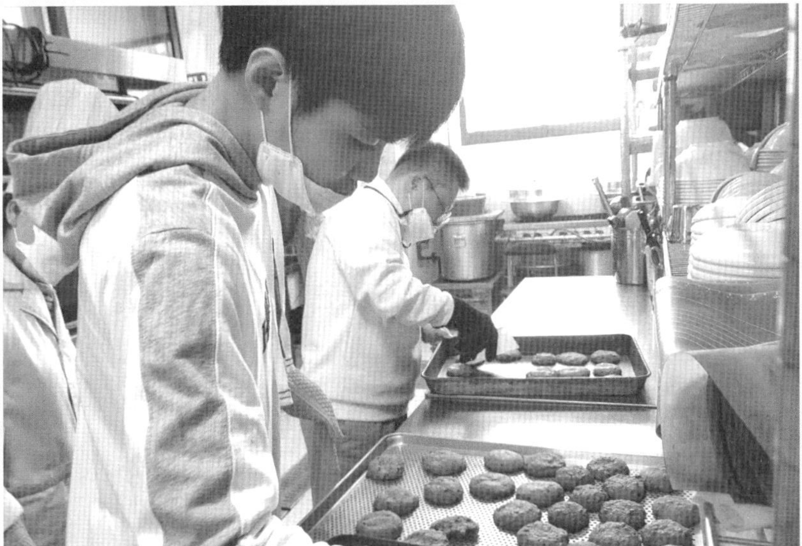

글을 마치며

질문은
계속된다

✦
✦
✦

과천교회의 75년은 단지 한 지역교회의 역사가 아니다. 한국 현대사의 굽이를 돌고 고비를 넘어온 믿음의 기록이다. 1950년, 교회가 세워지자마자 전쟁이 일어났다. 교회는 전쟁의 포화를 견뎌 냈고, 척박한 땅에 복음을 심으려 했으며, 이웃과 아이들을 한 끼라도 더 먹이기 위해 애썼다. 그 마음과 노력이 큰 공동체를 만들어 냈다. 복음에 닫혀 있던 과천 땅에 복음의 씨앗을 뿌리고 교회를 세운 역사는 단지 건물이 아닌 사람을 세웠다는 자부심이었다.

1980년대, 부흥의 바람을 탄 교회는 '뜨겁고 가득 차 넘치는 교회'라는 말이 너무나 잘 어울렸다. 교회와 교회학교는 늘 활기가 넘쳤고 사람으로 북적였다. 의심하지 않고 기도하며 은혜를 누리는 행복한 시절이었다. 복음을 전하는 대로 전도가 되었다. 단순했지만 강력했다.

그러나 세상이 변했다. 2000년대 이후, 급변하는 시대의 흐름 속에서 과천교회도 새로운 질문에 맞닥뜨렸다. 더 이상 이전 방식이 통하지 않았다. 리더십의 변화, 세대의 이탈, 공동체성의 약화, 도시 인구 구성의 변화, 팬데믹의 충격, 온라인예배와 모임의 등장은 교회의 본질을 다시금 묻게 하는 고비들이었다.

새로운 도전에 직면해서도 꿋꿋이 걸어온 길을 돌아보니 버릴 것이 하나도 없다. 그 모든 순간이 연결되어 지금의 과천교회를 만들었다. 따라서 이 이야기는 위기 속에서도 예상 밖의 방식으로 아름답게 연결된 은혜의 기록이자 하나님의 서사다.

이 여정을 가능하게 한 것은 놀랍게도 질문을 포기하

지 않은 공동체의 집단 영성이었다. 과천교회는 고비를 만날 때마다 '지금까지 우리는? 지금부터 우리는?'이라 물으며 필요하다면 익숙한 것들을 과감히 내려놓았고, 옳다고 여긴 것에는 전심으로 몰입했다. 새로운 시도 앞에서 주저하지 않았고, 결과가 증명되지 않은 것은 직접 부딪히며 다듬었다. 교회가 하나님 앞에 열려 있었기에 가능한 일이었다.

교회가 던져 온 질문의 진정성은, 예배나 집회처럼 겉으로 드러나는 장면이 아니라 이름 없이 빛 없이 묵묵히 분투한 이들을 담은 스냅샷 속에서 더욱 선명하게 증명된다. 새벽까지 방송실 한편에서 주일예배 영상을 완성하기 위해 애쓴 인고의 시간, 모두가 떠난 주일 오후 홀로 예배당을 청소하던 손길, 좋은 날이든 궂은 날이든 변함없이 교회의 새벽을 지킨 기도의 발걸음, 젊은 세대가 마음껏 모임을 가질 수 있도록 아이들을 돌보던 이들의 어른스러움.

구하고 찾은 것을 자기 삶에 새기려는 노력은 교인들의 일상에서도 조용히 드러난다. 한겨울, 지하철 서울역 구석에 앉아 있는 외로운 이웃을 위해 밤길을 나섰던 긍휼의 마음, 수십 년간 장애인부서 사랑부와 에바다부를 성실하게 지켜 온 고독한 충성, 가난 때문에 배움의 기회를 잃을 아이들이 있을까 염려되어 동네를 찾아다니던 자비의 손길. 그렇게 시냇가 하늘숲 과천교회는 오늘도 하나님나라의 가치를 살아내고 있다.

한 가지 큰 아쉬움은, 세계선교 통일선교 국내선교 등 선교 영역에서의 새로운 시도를 이 책에 담아내지 못했다는 것이다. 지난 15년 동안에도 과천교회는 국내 교계 생태계 성숙에 기여할 방법을 질문하며 자립대상교회와 사회선교기관을 후원했고, 한반도 평화와 복음통일의 길을 찾으며 북한사역과 탈북민사역을 감당했다. 또한, 21세기 세계선교의 활로를 모색하며 파송 선교사들의 출구전략을 마련해 왔다. 인도네시아 필리핀 러시아 등지로 평신도 전문인 선교사를 파송했고, 여러 나라 현지 선교사들과 협력사역을 진행했으며, 2025년 7월에는 베트남 사이공드림교회로 후속선교사를 파송했다. 그러면서도 '선교하는 교회'에 머물기보다 '선교적 교회'와 '선교적 삶'을 추구했다는 점이 주목된다. 선교에 대한 오래된 질문과 새로운 응답은 80주년 역사책의 몫으로 남기며, 과천교회를 통한 하나님의 선교에 헌신하신 모든 사역자와 교우들에게 경의를 표한다.

교회는 여전히 수많은 질문들 앞에 서 있다. 기후위기, AI도전, 양극화, 세대갈등, 인구절벽 등 오늘날 교회가 던져야 할 질문들은 더 복잡해졌고 더 절박해졌다. 많은 이들이 교회를 향해 말한다. "당신들의 답을 먼저 보여 주십시오. 만약 그 답이 시원치 않으면 저부터 당신들을 비판할 것입니다." 이 시대는 방관자와 비평가로 가득하다.

그러나 하나님나라를 세우는 사람은 스스로에게 먼저 질문한다. 비판이 아닌 책임이자, 방관이 아닌 참여다. 답을 찾으면 주저하지 않고 자신을 내어놓겠다는 결단이기도 하다. 과천교회는 지금까지 그렇게 걸어왔고, 지금부터도 그렇게 걸어갈 것이다.

"오늘도 하나님께, 그리고 여러분께 절박한 마음으로 질문합니다. 우리는 이 시대에 어떻게 하나님나라를 살아낼 수 있을까요?"

이것이 과천교회가 품고 있는 질문이다. 그리고 하나님은 여전히 답을 준비하고 계신다.

**질문하는 교회
응답하는 공동체**

발행 2025년 11월 2일

지은이 과천교회 창립75주년 기록편찬위원회
펴낸이 주현신
펴낸곳 과천교회
편집 홍지애
디자인 윤지은
제작유통 도서출판 소망
주소 경기도 과천시 관악산길 103
전화 02-502-2357
홈페이지 gcchurch.kr

ⓒ 과천교회, 2025

ISBN 979-11-988176-4-8 (03230)

이 책은 저작권법에 따라 보호받는 저작물이므로 무단 전재와 무단 복제를 금합니다.